謹將本書獻給：

我丈夫保羅(Paul)，他是神給我的珍貴禮物；
他懷著信心和對我們將來的盼望陪伴我走。
我的女兒艾恩錫(Ianthe)、萊安諾(Rhiannon)和
米什萊恩(Micheline)；她們在我們一起走這生命的
不平道路時，仍然是我最好的朋友。
艾恩錫的伴侶蕾切爾(Rachel)，從我們開始這舞蹈
那天起，她便以家人的身分給我們不變的愛和支持。

Caring

與癡呆症共舞

給患者與照顧者的分享及指引

克莉絲汀·伯頓 著
陳永財 譯

▼

Caring 系列

與癡呆症共舞

給患者及照顧者的分享及指引

Dancing with Dementia

My Story of Living Positively with Dementia

作者
克莉絲汀．伯頓 Marcia A. Owen

譯者
陳永財

審閱
何敏璇、羅慧琪

責任編輯
羅慧琪

裝幀設計
陳琪

■

出版／發行
基道出版社
香港沙田火炭坳背灣街 26 號富騰工業中心 1011 室
LOGOS PUBLISHERS
Unit 1011, Fo Tan Ind. Centre, 26 Au Pui Wan St., Shatin, Hong Kong
電話：(852) 2687-0331　傳真：(852) 2687-0281
網址：http://www.logos.com.hk

承印
海洋印務有限公司

●

1/2007 初版
Cat. No. LP753
ISBN-10: 962-457-323-9
ISBN-13: 978-962-457-323-7

刷次	10	9	8	7	6	5	4	3	2
年份	2024	2023	2022	2021	2020	2019	2018	2017	2016

目錄

序言

我弓著身子坐在自己喜歡的椅子上，我的小貓滿足地在我旁邊打呼嚕。有人敲門——送來一個包裹。我打開包裹，發覺裏面裝著兩本我在一九九八年出版的處女作*Who Will I Be When I Die?*（中譯本《親愛的，你記得我是誰嗎？》〔台北：傳神愛網，2004〕）。[1]那本書講述我在一九九五年被診斷出患上阿爾茨海默氏病（Alzheimer's Disease），那是癡呆症（Dementia）的一種。當時我只有四十六歲，在總理部擔任繁重的工作，而且是單親母親，有三個由九歲到十九歲的女兒。

我想到：「不好了！這會是在他們停止出版我的書之前，給我的最後兩本。」但其實那是出版社寄來的恭賀信，那兩本書也是再版的贈書。後來我再收到幾封這樣的信，和幾次再版的贈書。現在那本書已經翻譯成日文和中文，也出口到美國，而且將會在韓國出版，更受到很多國家的讀者歡迎。

我發表有關患上癡呆症是怎樣，以及人們可以怎樣幫助我們的演講時，人們往往走到我面前，告訴我他們很喜歡我第一本書，以及怎樣將那本書借給很多人，讓那些人從那本書得到幫助，更了解患有癡呆症的親人，無論親人患的是阿爾茨海默氏病，還是其他癡呆症。他們總是問我，甚麼時候會寫另一本書，讓更多人能夠更了解走癡呆症這條路是怎樣的，並可以知道我第一本書出版後，發生了甚麼事。患有癡呆症的人也寫信給我，告訴我那本書怎樣對他們說話，並表達了他們的感受。我在加拿大一位親愛的朋友寫道：「克莉絲汀，謝謝你以言語表達我的思想、我的感受和我的生命。」[2]

你看，自從一九九八年開始，我的生命奇妙地徹底改變，本來人們預期我在二○○○年便要入住療養院，更可能會在二○○四年去世。但從那時開始，我那起伏不定的生命又經歷了幾個曲折變化，我參與了本地、全國和國際性的阿爾茨海默氏病運動。現在已經是二○○四年，我仍然在生，我經歷了一段旅程，對自己現在是誰，會成為怎樣的人，以及在死時會是怎樣的人，有更深的了解，更清楚的看見。

那麼，是甚麼令我最終又坐到電腦前面撰寫這本書？那就是當日本放送協會的監製河村裕二（Yuji Kawamura）寫信給我，要求製作一個電視特輯的時候。那封信說：

> 幾天前，我重讀那本書，深受感動。你不單處理了對患上癡呆症的恐懼，而且在自己的經驗中找到更深，或更新的「自己」。我也讀了你演講的草稿，發覺在寫完那本書後，你嘗試認識自己的過程更深化了。我相信，如果我們可以讓人看到，你怎樣過比以前更有深度、更完整的生活，社會以及對癡呆症患者的照顧都會改變。[3]

在第一本書，我提到在那個令人震驚的診斷後的三年裏，自己的情況怎樣穩定地變壞，然後又似乎有點好轉。我談到自己帶著癡呆症，在靈性、情感和身體方面走過的旅程。雖然在差不多完成那本書時，我感到好多了，但我除了求助於自己的信仰外，別無選擇。從醫學角度看，前景是絕望的——隨著我的腦部愈來愈多的地方萎縮和死去，我的癡呆症會變得愈來愈嚴重。我那本書的書名——《親愛的，你記得我是誰嗎？》——反映了我對喪失自我，對不知道身分的將來的恐懼。

但現在，在我的演講中，我思想帶著癡呆症積極地生活的旅程，以及發現通往自己的中心的旅程。我向提供照顧的專業人士、患者家人、專業醫護人員和其他人講述我們的感覺，我們的需要，並在面對這奪去我們認為自己是誰的神祕疾病時，嘗試給予盼望和理解。在迫切地提倡找出醫治方法的同時，我們也需要改善對癡呆症患者的了解和給他們的治療。

從一九九八到二○○一年，我先後向本地和全國的阿爾茨海默氏病協會為癡呆症患者發言，過程是漫長而有趣的努力。後來我又接觸到國際阿爾茨海默氏病運動。這旅程的一個重要部分，是於二○○一年在克賴斯特徹奇 (Christchurch) 和石橋紀子 (Noriko Ishibashi) 見面。不知怎地，我們跨越了語言和文化，在情感和靈性層面交流。她成了我的好朋友，令我的書可以以日語出版，也大大鼓勵了我撰寫這第二本著作。

二○○三年，我獲選加入國際阿爾茨海默氏病協會董事會 (Board of Alzheimer's Disease International)，成為癡呆症患者的代表。現在已經是二○○四年年中，我仍然在奮鬥，仍然生存，仍然在盡自己所能，改變人們對我們這些癡呆症患者的看法。但為甚麼我那麼努力？為甚麼我那樣公開自己的病？我不喜歡受到注意，我做這一切，是因為我希望終有一天，我們會好像對待其他身體上的疾病那樣對待這種腦部的疾病。

我希望終有一天，我們會尊重癡呆症患者，明白他們過每一天都要付出多大努力，並給予他們適當的情感支持、社會網絡和鼓勵。我希望終有一天，這個病能夠得到醫治。世界上有二千四百萬個癡呆症患者，他們配受到尊重，也應該被視為國際的珍寶。

每一個癡呆症患者都正在經歷深入自己靈性核心的旅程，遠離曾經界定他們的複雜、認知表層，穿過他們生命經驗製造的混亂和糾纏不清的情緒，進入他們存有的中心，進入真正給他們生命意義的地方。我們當中，很多人都真誠地尋找這份對現時的感覺，這份「當下」的感覺，尋求怎樣活出每一刻，珍惜每一刻，彷彿它就是惟一要細察和驚歎的經驗。而這就是癡呆症的經驗——活在現時的生命，沒有過去或將來。

現在回顧起來，那是自我發現、改變和成長的奇異旅程。和世界各地患有癡呆症的朋友及他們的支持者合作，我看到人們對癡呆症的看法改變了，也希望人們更了解這種病。我撰寫這本書，以及第一本書，又發表很多演講，已經盡了自己所能，改變別人的態度。

我付出很大努力才完成這本書。我花了六年時間收集自己發表過的演講、寫過的文章，以及和患有癡呆症的朋友聯絡的電郵。但即使在那時，仍然沒有意義，直到我和別人，特別是河村裕二和麗齊．麥金利(Liz MacKinlay)談及我的想法，才有改變。我丈夫保羅一直是我忠心的同工，在我感到不勝負荷時，他多次鼓勵我，幫助我記起過去幾年的很多事件，給我提示、意見、激勵和回憶。我們為了我的混亂和有趣的表達方式分享了很多歡笑。

是時候休息了。列根（Ronald Reagan）曾經說：「我打算享受戶外活動，與朋友和支持者保持聯絡……我現在展開的旅程，將我帶到生命的夕陽。」[4]這也是我的心意，我沒有甚麼補充。

我打算珍惜和家人及朋友一起的每一刻，希望自己仍然能夠好好地等到有療法出現，從中得益。但我知道，在《與癡呆症共舞》的這第一部分，我已經以自己僅餘的力量，盡力幫助別人更了解癡呆症患者，以及我們需要甚麼照顧。

對我來說，我能夠帶著癡呆症，每天積極地生活，很大程度上得歸功於我的基督教信仰。我希望我的信仰，或者你的不同信仰傳統或沒有信仰，都不會掩蓋那真正盼望的信息：每天圓滿地生活，將每一刻當為最後一刻般珍惜。

我生命中需要感謝很多人，我不能一一提出他們的名字。我只能夠說，如果沒有家人、阿爾茨海默氏病運動和基督徒朋友的支持，我不能應付這種每天的掙扎。如果沒有石橋紀子、石藏安次（Yasuji Ishikura）、河村裕二、本島永二（Eiji Tajima）和菱垣陽子（Yoko Higaki）的支持和熱心，這本書不會成為現實。我的朋友和靈性導師麗齊．麥金利牧師給予我幫助，閱讀和編輯這本書的手稿，思想我嘗試表達的話。她是我十分親愛的朋友，也是我在基督裏十分親愛的姊妹。

我很感激我在國際癡呆症倡議及支持網絡(Dementia Advocacy and Support Network International)那些同樣患有癡呆症的朋友。沒有他們的支持、鼓勵和分享，我會感到很孤單。我特別要感謝莫里斯·弗里德爾(Morris Friedell)直接給我，也給網絡所有成員的啟發和洞見。他能夠表達我們在與癡呆症搏鬥時的志向、恐懼和對身分的追尋。

我的神經科病醫生一直陪我走過每一步，每年都細心地評估我的情況，既實際又積極，並給予我盼望。雖然我被診斷為患上癡呆症，但我很感激他給我力量圓滿地生活。

但我最感謝的是保羅、艾恩錫、萊安諾、米什萊恩和蕾切爾。在我們一起走過人生的高峯低谷時，他們是我最好的朋友。我們隨著癡呆症的旋律改變，調節我們的舞步，聆聽內裏的音樂，同時從周圍支持我們的音樂中得到鼓勵。

1 起伏不定的旅程

我真的好轉了！！！！

我的大女兒艾恩錫和我在悉尼。我們坐在寧靜、沒有窗的候診室，等候我的神經科醫生(neurologist)替我進行一年一度的檢查，以找出我的阿爾茨海默氏病的情況怎樣，藥物對我有甚麼影響，以及我有沒有留意到自己有甚麼功能性或情緒改變。

那個候診室很清涼，除了接待員那鍵盤發出的噼啪聲，以及人們無聊地翻著雜誌的聲音外，沒有甚麼嘈雜聲。那是一九九八年五月，外面的悉尼在溫暖的秋日照耀下熙熙攘攘，好不繁忙。

我嘗試將注意力集中在面前那本有關大自然的雜誌那篇文章上，但內心卻興奮得不能自已。我想衝進去高聲對醫生說：「我好轉了！」——但感謝艾恩錫，她制止了我。她說如果我這樣做，神經科病醫生一定會以為我「失敗了」，我的癡呆症進一步惡化。

我們在從坎培拉到悉尼的高速公路那段長達三小時的車程中談及這事。艾恩錫提議我保持冷靜，只該說：「我認為現在我開始感到好多了」就夠。

冷靜？！我感到自己遠遠不是冷靜。這實在令人太興奮了！這是我一生中最令人驚訝的事！這是聞所未聞的事——我讀過關於阿爾茨海默氏病的所有文章，都沒有提過有任何病人不是變得愈來愈差的。當然，他們可能有一段時間穩定下來，特別是在服食了新的抗癡呆症藥物後。但感到好轉？不，那從未發生過。

一九九五至一九九八年

最初，在一九九五年五月，醫生診斷出我患有癡呆症後，有大概一年時間，我真的不感到自己有甚麼不妥，還以為那可能只是誤診。但我也享受不用工作，可以陪伴女兒，每星期也較少偏頭痛的日子。一九九五年十月，神經科病醫生開始給我服用他克林（Tacrine, Cognex），那是治療輕度到中度癡呆症的第一種突破性藥物，屬於抗膽鹼酯酶抑制劑（anti-cholinesterase inhibitor），當時它剛進入澳洲市場。

這些藥物停止腦裏的乙醯膽鹼（acetyl choline）損壞。但乙醯膽鹼有甚麼特別？唔，它是腦裏面的化學傳信劑，令神經元（neurones）活動得更好，彼此交談得更清楚。基本上，如果你腦裏有較多乙醯膽鹼，你的接收能力便會比較好。患有好像阿爾茨海默氏病或其他癡呆症的人，乙醯膽鹼的供應往往不足，所以腦部活動得很慢，而且裏面有一種「朦朧的感覺」。服食其中一種抗膽鹼酯酶抑制劑，能夠提高化學傳信劑的水平，有助僅有的腦力發揮得更好。那有點像在鐵達尼號（*Titanic*）大郵輪沉沒時的樓梯，讓我走到較高的樓層，雙腳不會太快被水沾濕。它不能醫好我的病，但可以治療一些病徵。

但即使有更多這種物質在我腦裏運作，在一九九六年中至年底期間，我也開始察覺到自己真的有轉變，我的功能、記憶、説話和一切都有困難。最初我以為只是小問題，可以用壓力大來解釋。而即使在面對掃描的圖像顯示那可怕的損傷時，我仍然試圖找藉口，表示或許我的腦部一直都有掃描顯示的那種損傷，但我仍然能夠好好應付生活。老實説，我感到有點欺騙成分！

但到了一九九七年初，我已經毫無疑問有很嚴重的問題，額外的化學傳信劑也不能掩蓋這事實。我真的退化了，變成另一個人，以前那個超快、超精明的我已經消失了。我説話的速度慢了很多，作決定的能力減弱了，而且更容易感到混亂。隨著我變得更遲緩，世界對我來説彷彿走得太快。以致到了一九九七年中，我不能再演講，也掙扎著要完成我第一本書。我已經深入這患病的旅程，經驗到從輕微到中度癡呆症在認知、行為和神經方面的症狀。我不再駕駛、聽電話或看電視，而是退入園藝和閱讀，並很早就寢。

我墮進抑鬱中，相信那個醫學界的模式，癡呆症必然會引致衰退。而抑鬱則引致虛假的癡呆症，你表露出來的癡呆症病徵，比你腦部受損的程度更嚴重。我退縮，變得官能紊亂，因而一直朝無望和絕望走下去。一些癡呆症的真實病徵也伴隨著那抑鬱出現。

我開始有幻覺，令我十分害怕。最後我要求教會三位肢體為我祈禱，祈求這些幻覺消失。我在第一本書簡述了這件事。[5]但寫了那本書後，人們才告訴我實際上發生了甚麼事。由於那三位朋友禱告時，我順從地閉上眼睛，所以不知道當時教會有一大羣人圍繞著我，有點像一羣欖球員一樣，一起為我禱告。當然，這些了不起的人不知道我對禱告事項定下了限制，我只要求那些幻覺停止。所以他們熱誠地為我完全得醫治禱告。大概一年後我才知道，當時教會中有來自英國的人，是過去曾經有祈求別人得醫治這恩賜的。那是多麼巧合——或許我應該說是「神合」？

那天我的幻覺便消失了。自從那時開始，只有幾次輕微的事件令我想起那些幻覺是怎樣的——通常都是在晚間，我躺下睡覺時，而且似乎是在我十分疲累，或者開始服食新藥物的時候。沒有那些幻覺已經令我十分高興，但在接著的大約一個月，我的頭部開始不再有那種模糊，好像塞著棉花的感覺。我可以更集中精神，也更容易說話和聆聽。那是抑鬱消除？還是不單這樣？

我沒有期望那令幻覺停止的禱告有更大功效，所以我經過了一段時間，才發覺自己真的感到好些——這肯定不是應該發生在我身上的事情，也絕對不是我預期的事情。

我重新開始和別人在電話交談，甚至重新開始駕駛，雖然我的大女兒有點保留，想到我控制一輛汽車，她很自然地感到恐懼。[6]我在第一本書提到這些進步。那本書在一九九八年二月完成。

但我在該書沒有提到的是，我說自己感到好了很多，沒有衰退得那麼快時，沒有人相信我。要我三個女兒接受這個想法已經夠困難——而當時確實沒有任何證據。唔，至少沒有任何具體的證據。我只是似乎更像「以前的自己」。或許是沒有那麼抑鬱？

因為是教會的朋友祈求我會好轉，你會以為他們是最先相信我有好轉的人，但事實卻並非如此。不知怎地，每個人都仍然小心謹慎地對待我，假設我不能做事，所以也沒有要求我做甚麼。

但現在回顧起來，我那起伏不定的旅程在一九九八年初才真正開始，那時各種我做夢也想不到的事情都開始發生。

神經科醫生在一九九八年的再評估

讓我們回到一九九八年五月在神經科醫生的辦公室，以及我開始著手證明自己真的感到好些，並藉著確保自己抱積極的態度，努力和癡呆症的衰退搏鬥的時候吧。我希望抓緊我的信念，克服醫學的定型，讓出乎意料的事情介入我的生命，容許我的信仰帶我經過這求生存的掙扎。

神經科醫生從辦公室走出來，從接待處拿起我的病歷，帶笑望著艾恩錫和我以示歡迎。他說：「克莉絲汀？」我站起來，勉強控制著自己的興奮，走進辦公室，還未坐下便以堅定的語氣說：「我真的好轉了」，並露出燦爛的笑容。那絕對不是值得沮喪或輕聲說出的事情！

醫生回應說：「唔，很高興聽到你這樣說。你現在似乎真的在對抗這疾病。盡情享受這短暫的蜜月吧。」

那神經科醫生的話完全不是我想聽到的！難道他聽不到我說甚麼嗎？他不相信我嗎？那不單是穩定。那不是短暫的蜜月！我每天都感到好轉了。所以我開始描述過去一年發生在我身上的事情。

究竟具體發生了甚麼事？那是充滿驚訝的一年，我嘗試適應好轉的感覺，然後接受挑戰，繼續前進，儘量善用餘生。最能夠表達我的感受的，是耶穌醫治癱子時對他說的話：「拿你的褥子走吧」。我感到自己正是這樣做，拿起自己的褥子，開始走在信仰中的生命旅程，相信我真的能夠做比以前更多的事情。

我回想自己去年八月和醫生的會面。「不，我真的好轉了。我再次在自己的地區駕駛，我沒有感到那麼混亂，還完成了那本書，在一月將書交了給出版社。我感到好多了，頭腦清醒得多，在二月——只是幾個月前——我報讀了一個神學學位課程。」這時艾恩錫插話說：「媽媽其中一份習作更取得優異成績！」

和我再多談一會後，神經科醫生要求我坐在檢查用的長椅上，他拿出小鎚子，檢查我的反射動作。他也以一些尖銳的東西刮我的手，同時留心看我的面部。我的面和手究竟有甚麼關係？艾恩錫問他這些是甚麼檢查。他回答說：「你媽媽回復了一些原始的反射動作，是我們在初生嬰兒身上看到的，而這些動作是我們從她的掃描中看到那種腦部損傷的典型反應。這（他刮我的手並看著我的面部時）是板臉手掌反射，這（他刮我的手掌並看著我的手指屈起）是緊抓反射。」

接著他以強光照射我雙眼。「嗯，你的確似乎好了一點。有些反射沒有以前那麼強烈。你會不會介意我們多做一些檢查？」我會不會介意？當然不會。我感到好轉了，我肯定任何檢查都會證實這點！

這樣我便開始再接受所有檢查：進行更多掃描，

找出腦部受損的情況，接受更多智力測驗，檢查我的腦部——我的思想——怎樣運作。

我立即進行那些掃描，走到聖文森專科醫療中心（St. Vincent's Specialist Centre），在艾恩錫幫助下，找到所有相關的部門。首先是接受電腦斷層照相術（computer-assisted tomography）或簡稱CT掃描（CT scan），這個檢查會顯示我腦部受損的程度。第二個是放射性核素腦部灌注檢查（radio nuclide brain perfusion study），這個檢查會顯示我腦部餘下的部分實際上怎樣運作。

接受這個灌注檢查時，我要安靜地躺在一間黑暗的房間裏，耳朵裏塞著棉花，逗留在那裏半小時。然後他們告訴我一個技術員會走進房間，將一支針插入我手臂，我不能看這人，也不能和他說話，因為他們希望我的腦部「休息」。然後會有人進來，帶我去進行掃描。在安靜地休息後，被帶到走廊，然後進入嘈吵和光亮的掃描室，令我感到震驚。我躺在一張桌子上，一個好像輪子的掃描器慢慢經過我的頭，發出啪嗒聲，將它看到我頭裏面的情況製成圖片。

CT掃描和放射性核素腦部灌注檢查顯示出十分相似的圖片——很多地方受損，比你對一個健康、四十九歲的人預期的情況嚴重得多。而這損傷是在腦部中間、前面和左右。這表示甚麼？

神經科醫生安排我在回到坎培拉後接受智力測驗。那些測驗包括安靜地和臨牀心理學家坐在一起兩至四小時，回答問題和玩「遊戲」。我見的心理學家是第一次接受診斷時的同一位女士，她以溫暖的微笑歡迎我。她皮膚黝黑，個子矮小，頭髮整齊，穿著褶裙和樸素的襯衫，聲線柔和友善。我感到很自在，既不匆忙，也不緊張，亦沒有受到任何壓力。

接著測驗開始。那位心理學家慢慢説出一些數字，有一大串，然後要我從尾到頭或從頭到尾重複那些數字。我怎能夠記得那些數字？只有她説過的最後一兩個數字才在我腦海中某處出現，一系列數字的任何圖畫或記憶都消失了。我儘快將在自己腦中迴盪的少數幾個數字重複一遍，然後猜測接下來的數字。

接著那位心理學家告訴我一些小故事，問我一些關於故事的問題。最初她立即提出問題，但後來則在我做了其他測驗後，才再問我更多關於那些故事的問題。當然，那時我對在那些故事中發生了甚麼事，誰做了甚麼，以及為甚麼和何時做，都已經忘記了！

那位心理學家又小心高聲朗讀一張購物清單。但那張清單相當古怪，和你到超級市場購物時所寫的不同。上面包括家具、蔬菜、肉類、衣服，各種物件混在一起。她説出那些物品時，我根本不可能記著那些名稱，以致有足夠時間將它們分門別類。我所能夠做的只是笨拙地嘗試記起儘量多的物件。我的腦部根本沒有足夠空間將那些物件分類，讓我稍後可以更容易記起它們。

要將那些物件分類，我不單需要記得它們，然後將它們歸類，更要將它們分別歸入不同類別。這還不夠，因為我也需要記起每個類別，找出和列出在每個類別中，我記得甚麼物件。你看，這一切都需要很多空間，而我的頭腦裏面很快便不夠空間！她説話時，我幾乎可以感到那清單一點一點地失落，我根本不可能緊抓足夠的物件，將它們分類和記憶。

我也記得那位心理學家給我一些不同形狀的塊片，要我砌成一個圖案。她說：「慢慢來。」但無論有多長時間，我都不能明白那些形狀。它們看來就是不能形成甚麼圖案。她說：「不要緊，你還有時間。」但我需要的不是時間，我需要一些東西或有人讓我明白那是甚麼意思。對我來說，那些形狀和故事圖畫彼此間沒有任何連繫。

在大部分測驗中，她都用一個計時器來記錄我所用的時間。我知道自己比較緩慢，因此因為時間被記錄下來讓每個人——或至少她和我的醫生——看到而感到更沮喪。她的手錶發出響亮的滴答聲。在我嘗試明白放在我面前的形狀，她告訴我的故事，她要我回想的一連串數字，她要我記憶的物件有甚麼意思時，我的腦部似乎比計時器的秒針走得更慢。

幸好她決定不要我再做那個迷宮測驗，認為顯示我的技巧（或缺乏技巧）在上次那個頗為低的紀錄後可能進一步衰退，也沒有多大作用。我上次做那個測驗是在一九九五年。我坐在一個灰色、單調的迷宮面前，似乎坐了很久，然後那個心理學家要求我用一枝電棒跟從一條由頂到底的路徑。有似乎是千分之一秒的時間，我是沒有甚麼問題的，但接著便轉錯彎。一個電鈴高聲持續響起，彷彿將我腦裏剩餘的大部分東西都消滅。

我小心地將那枝電棒在迷宮中轉了另一個彎，但不知怎的，我的眼睛「看」不清那條路徑。那裏有個起點，我可以看到，而在下面，在我視野以外是終點。

但中間卻有好些障礙、轉彎和扭曲，亂作一團。在我無望地找出路徑從迷宮的一端走到另一端時，那個鈴響了很多次。我的得分低得可憐，只有百分之八，證實了我已經知道的事情——我在不熟悉的路徑很難找到出路。在一九九八年不用重複這個可怕的經驗，令我大大鬆了一口氣。經過大約四小時的測驗，用過數字、形狀和故事後，那個心理學家便將那些資料收集起來，知道我出了甚麼問題。

她將報告送到我的神經科醫生那裏，作為他的重新評估的一部分。她的報告表示我有進一步的輕微衰退，前部和顳部（frontal and temporal areas）顯示有功能障礙。神經科醫生決定在一九九八年七月再做另一個掃描，這樣可能可以區別出不同癡呆症之間的功能模式。那個檢查是正電子發射計算體層攝影術（positron emission tomography）或簡稱PET掃描。我知道那是甚麼，我在一九九五年已經接受過PET掃描，在第一本書描述過這折磨。[7]你躺著，面上有一個面罩，整個身體躺在一部金屬擔架車上，被推進一個細小的管道。每條手臂都插了針——一支是用來注入一些東西，另一支則將那些東西抽出。你的眼睛被蒙上，耳朵被塞著，你和周圍的世界隔離，人們靜靜地走進走出，從你手臂上的針取樣本或做其他事情。你彷彿被這樣困著幾小時之久，但實際上那只是大約四十五分鐘。

那個PET掃描器放置在悉尼，我需要再次由坎培拉到那裏。在艾爾弗雷德王子醫院（Royal Prince Alfred Hospital）的那部機器使用半衰期很短的放射性同位素，所以人們需要很快地從迴旋加速器走來替你進行注射，而你則躺在一條隧道內，那部掃描器在你周圍發出嘈吵的聲音。我可以向你保證，那可不適合有幽閉恐懼症的人！

我終於收到去悉尼接受PET掃描的通知。但如果我告訴你，在那個狂風呼呼的七月早上，誰帶我到坎培拉的巴士站，便是走得太快。冬天來了，坎培拉早上有霜和霧。但春天已經以比我能夠想像的更多方式在地平線出現。

充滿生氣的新生活！

我腳趾間的沙溫暖而幼細。在閃耀的藍天下，我在烈日下眯著眼睛。我用手遮蓋眼睛，勉強看到珊瑚礁上的潛水船。在強光中我僅能夠看到的其中一個小人影，是我最小的女兒米什萊恩，她正在和一個朋友用呼吸管潛泳。這是我夢寐以求的假期，我們飛到格拉德斯通(Gladstone)，乘坐直升機到赫倫島(Heron Island)，現在正好好享受四天的陽光、野外生活和休息。那是我祖母在一九九七年，差不多一百零三歲生日時送給我的美好聖誕禮物！

米什萊恩結識了一個朋友，每天都和她及她的家人外出。我大部分散步時間都是圍繞著赫倫島，十分享受看著那些海龜、雀鳥和其他珊瑚礁。但我感到很孤單——遠離周圍一個一個的家庭，和一起享受著的年青夫婦。我生平第一次感受到孤單之苦。那真的是肉體上痛苦和絕望的感覺。我一直都那麼自足、忙碌、專注和有組織能力，將我的精力花在女兒、她們的生活和自己的工作上。現在我感到空虛，有點像只有半條生命。但在回家途中，我將這一切都拋諸腦後。

我不斷告訴自己：「不管怎麼說，專注於自己的孤單是愚蠢的，因為對於這個問題，我可以做的事情相當有限。畢竟，我已經被診斷出患有絕症，醫學的預後 (medical prognosis) 估計我最多還可以在家裏生活十年，而且愈來愈需要倚賴別人幫助，接著便需要入住療養院。」

在其後的日子，我一直對自己說：「如果我因為別人祈求我得醫治而感到好轉了，難道我不應該真的相信自己真的已經好轉，並有相應的表現嗎？」

我不大熱心地同意這種想法：「唔，或者是吧。或許我應該外出，有多一點社交活動。但我已經四十九歲，可以到哪裏認識別人？」

教會還是那羣朋友，令人感到自在和安全。我在新環境中沒有認識多少新朋友。或許我需要踏出一步，給自己多一點挑戰。不過，這不是愚蠢嗎？有哪個癡呆症患者能夠好轉？有哪個患了這病的人還嘗試新事物？有誰喜歡和我交朋友？

我的朋友麗齊．麥金利——牧者兼老人護理學講師——鼓勵我寫第一本書，也鼓勵我考慮到聖馬可神學院 (St Mark's Theological College) 進修。我思想這個可能——我肯定能夠結識新朋友，那個環境也會是有支持作用和積極的。我真的感到那是一個挑戰。在我的癡呆症每天都令我衰退之際，我怎能夠報讀一個為期九年的部分時間學位課程？

阿爾茨海默氏病會奪去你學習新事物的能力，例如去新地方、認識新朋友、嘗試做新事情。但現在我竟然想修讀一個學位課程！！！！我腦裏的對話又再開始！「但我不是真的相信自己已經好轉嗎？」

開始學習

一九九八年二月初的一天，剛好是我在赫倫島意外地感到孤單後的一年，我送女兒上學後，沿著坎培拉的一條路駕駛，那條路通往一條橋，那條橋跨越靜靜、灰色的湖水。剛好在橋的前面，我發覺聖馬可神學院就在路的另一邊。

那是一個陽光普照的好日子，我並不匆忙，心想或許可以走到神學院，了解一下那裏有甚麼課程。櫃枱的女士將資料交給我，問我想不想和註冊主任見面，更深入了解那些課程。我說：「好吧。我想多了解一下需要修讀多少學分，課程包括甚麼範圍，以及修讀的年期。」註冊主任帶我進入她那細小、混亂、放滿紙張的辦公室。我坐在惟一沒有放著紙張的椅子上。

她很熱心、親切和熱誠。「課程下星期便開始。你何不現在就報名？如果你願意，我可以現在就取錄你。拿著這份表格。如果你決定報讀，可以在今天稍後填妥表格交還給我們。」回到家裏後，我看著那份表格，看到那段「你有沒有任何可能妨礙你學習的殘疾？」時，不禁高聲笑起來。我小心地寫上「阿爾茨海默氏病」，想到神學院的行政人員會感到這是多麼可笑。或許他們會將這事當為學生的惡作劇。

但我是擔心的。我怎能應付聽講課、吸收新知識、接觸新朋友，以及就自己仍然一無所知的題目寫文章？令我很放心的是，我遇到的每一位講師都很仁慈，問我他們可以做甚麼來幫助我。他們知道我的病，以及我怎樣每天嘗試積極地生活，克服絕望的感覺。

他們和我都清楚知道，我不能長時間專注於新資料，但卻可以和觀念互動，閱讀和做筆記，並花很多時間嘗試預備論文。有很多日子，我就是不能學習——我的腦袋不專注，頭部感到不適，雙眼也不知怎地，不能好好運作。我需要清晰的講義，需要時間閱讀和吸收，很快我們便發覺，我用遙距學習的方式，是比較好的做法。並在感到好得可以時儘量到神學院學習。

認識所有這些新朋友是很好的，我感到自己彷彿開始從我的甲殼裏爬出來。周圍有人討論新觀念、事實和問題，接受嘗試寫論文等挑戰，以及能夠利用我腦部愈來愈有限的空間吸收和整理我完全陌生的概念，都很能夠刺激我。我很享受聖馬可神學院那寧靜的圖書館，那裏有舊紙張的氣味，高高的書架密密麻麻地排列著，上面放滿分了類的圖書，很久以前已經有學生翻開這些書尋找資料。我買了一部新電腦，學習怎樣使用它的各種功能。我變得熱愛搜尋互聯網，就好像我熱愛閱讀和發現那麼多新資料一樣。

我的學習進展良好，我第一篇論文得到優異成績，令我明白到我腦裏僅餘的部分明顯仍然運作得很好！或許我的「腦部類固醇」——我的抗癡呆症藥物——給我額外的好處。它肯定在清除我腦中的朦朧，並幫助我運作，雖然緩慢，但卻是能幹地進行。

但我仍然受到這醫學診斷和預後威脅。我的第一個神經科醫生對我說出給癡呆症患者的標準話語：「再過大約五年，你便會變成癡呆，然後在幾年後便要入住護養院，直到離世。」我很難擺脫這個暗淡的預後，並好像我現在的神經科醫生鼓勵我那樣，一天一天地生活下去。我怎能夠相信自己有美好的將來，能夠完成整個研究文憑課程？我以部分時間方式修讀這個課程，我肯定自己不能夠支持到最後。

一九九八年五月和艾恩錫到神經科醫生那裏進行檢查，並在七月接受跟進掃描和測驗，對我來說是「斷路器」。我要不是好轉了，便是停留在平原上，病情沒有惡化，或者我感到好轉，只是自己想像出來而已。那神經科醫生可以找出究竟那預後是否還好像前一年那麼差。這真的能夠幫助我相信自己仍有將來，可能真的能夠取得新的學歷。我樂意接受醫生要求我接受的任何檢查。

在悉尼接受那些檢查時，我開始想：「如果我的壽命可以延長很多，不會太快變得很糟，那又怎樣？」但健康良好這個美好的前景，卻伴隨著傷感，因為這表示我要長時間獨自經歷在赫倫島經歷到的那種孤獨的痛苦——那幾乎是身體上的感覺。

妄想，還是關於將來的異象？

我常常坐在客廳裏，孤獨地流著淚。我想：「真是軟弱！為甚麼這是我一生中，第一次希望有伴侶？我出了甚麼問題？」我覺得我的女兒察覺到我不如以前那麼以自己的同伴為滿足，所以在一九九八年的母親節，她們送了一隻玩具熊給我。這肯定是改進，但卻不夠真實！

那年的五、六月，我在閱讀每天的研經資料。[8]我面前有一系列關於孤獨的默想，令我感到驚訝。在閱讀每一篇默想時，我都在飲泣。而且經常熱切地禱告，明白甚麼才是迫切地祈禱。我就在那裏，彎下身，哭泣，旁邊放著一盒紙巾。幸好沒有家人在那裏看見我這樣！

在其中一次流淚禱告中，我腦海裏浮現了一幅奇怪的畫面，差不多好像錄影片段，或許有人會稱之為異象。在這個「清醒的夢」中，我感到我坐在自己車子的乘客座位上，膝上放著一疊紙張，汽車引擎開動著，司機位的門則打開了。不知怎的，我感到我的終生伴侶會走進車子，我膝上放著地圖，用來幫助他的事奉，也幫助我和他一起的生活。

唔，當然，我肯定這只是妄想。或許我睡著了，做了一個夢。你不會這樣嗎？無論如何，我很快便忘記了這愚蠢的遐想，繼續我的學習。

但那孤獨的感覺變得愈來愈強烈，那空虛也愈來愈將我淹沒，因此我重新檢視自己的生命。我可以去哪裏結交新朋友？我可以去哪裏認識會帶我外出吃飯或看電影的人？在教會不能，每個人都太忙碌，也太保護我的身體健康。在學校也不能，每個人都專注於自己的工作，專注於自己忙碌的生活。

認識保羅

我在聖馬可神學院學習了幾個月，一切都很順利。現在艾恩錫駕車載我由坎培拉到悉尼接受神經科醫生檢查。隨著車子在柏油路上奔馳，灌木向後退去，我們談論著這件事。我終於鼓起勇氣，真的開放自己，和艾恩錫分享我孤獨的感覺。不久，我哭濕了幾張紙巾。我告訴她自己怎樣害羞，感到很難認識朋友，因為我甚至害怕邀請別人和我一起喝咖啡。

艾恩錫說：「媽，我不能相信，你總是顯得那麼自信，那麼有控制力。你肯定可以簡單地邀請別人和你喝咖啡吧？」

我表白說：「如果對方是女性，我是可以的。但如果那是男性，我簡直會顫抖起來。」我提到找婚姻介紹所這個可能性，並不禁發出疑問：神能否透過這樣的機構為我找到合適的人？

最後，我很大膽，令自己和所有朋友都嚇了一跳。或許衝動、這樣和性格不符地行動，真的是癡呆症的徵狀。我終於鼓起勇氣到婚姻介紹所登記。在禱告中，我這樣和神討價還價：如果祂的旨意是要我在我認為是祂賜給我的新生命餘下的日子都孤獨一人，那便沒有問題。不過，如果不是這樣，我便請祂讓那間婚姻介紹所為我找到祂為我預備的人。

廚房的電話大聲響起——是婚姻介紹所的女士打來的。她說：「我們有一位很好的男士，相信你會有興趣和他見面。他名叫保羅，曾經是澳洲政府的外交官員。」她告訴我保羅喜歡航海、音樂、電單車和旅行。這似乎很吸引。於是我說：「好吧。他可以在星期五晚上打電話給我。」介紹所提議我們在一個公眾地方一起喝咖啡或散步。

星期五晚上，我很緊張。電話響起來時，我拿起電話筒，希望對方聽不出我的害怕。我說：「你好。是的，我是克莉絲汀。」我們約好在星期六正午，在國家圖書館的樓梯見面，一起到湖邊散步。

第二日，我害怕得要命！我穿上紫色的長褲和絲質外套，羊毛手套和舒適的便鞋。我雙手沁滿汗水，連呼吸也感到困難。那是一個晴朗但寒冷的冬日，天空呈深藍色，十分清朗。我駕車到圖書館的停車場，心想哪一部是保羅的車子。

我站在樓梯上，這個和我年齡相若的男人走到我面前，面上帶著微笑。他有金啡色的頭髮，湖水藍的眼睛，修剪得很整齊的鬍鬚，戴著眼鏡，穿著燈心絨外套和長褲。我嘗試注意著一切。他是怎樣的？他會喜歡我嗎？他將一束鮮黃色的水仙花放入我手中時，我腦裏充滿各種思想。他說：「你好。我是保羅。」

我深受感動，不知道應否脫下手套和他握手，也不知道應該將花放在哪裏。我害羞地周圍摸索，感謝他的花，將手套塞進口袋，然後和他握手。我們有點不自然地一起向靜止的灰色湖水走去。我手裏緊緊握著那束花。我們決定將花放在附近一個紀念碑上，那是為了紀念一個近期在交通意外中慘死的女孩子的。

我們開始圍繞著湖邊走，談及大家的生命、兒女、家庭生活、以前的工作，和居住過的地方。保羅說他帶了簡單的午餐，放在背囊裏。我們決定在湖邊一個野餐地點停下來。他從背囊取出一塊藍色的條子桌布，鋪在野餐桌上，然後擺出硬皮麵包、芝士、醃黃瓜、牛油、碟子、刀子，甚至法國紅酒和酒杯！我深受感動。

保羅是那麼好，以致我不能不預先告訴他我患了甚麼病！我鼓起勇氣，將我的病和我的一切都告訴他。並預期那會是我最後一次和這個了不起的人見面。畢竟，誰會想和患了阿爾茨海默氏病，不久於人世的人約會？

我們在坎培拉寒冬的暖陽下，坐在木椅上。我啜著紅酒，將自己被診斷出患上阿爾茨海默氏病的詳情告訴他。我説醫生認為，我在大約五年後便需要全面的護理，而且很可能再過幾年便會去世。保羅説他父親是死於癡呆症的。我以為我們的關係還未開始便已經結束。但他似乎並不感到反感。

我們繼續繞著湖走，直至天色開始轉暗，空氣變得寒冷和潮濕。最後我們決定回到車子上。我們發覺兩人的腿都酸痛，喉嚨也變得沙啞！我們停留在車門道別時，我鼓起勇氣問保羅，是否願意和我一起看一套我想看，但知道女兒並不喜歡看的電影。我們約好翌日一起看那電影。

看完電影後，我們在附近一間咖啡室喝熱咖啡。我告訴保羅我會和女兒離開幾天，去探望我的好朋友麗安 (Leanne)。我在第一本書提到，我和麗安逢星期五都一起吃晚飯，彼此慰問和思想過去一星期的事。[9]她現在搬到坎培拉南面的一個農場，所以翌日米什萊恩和我乘坐巴士踏上六小時的旅程。我們共度美好的時光，坐在熊熊的火爐前，在美麗的郊外散步，品嘗香醇的紅酒，當然也有長談，分享自己生命中遇到的一切事情。我告訴她我認識了保羅，他多麼可愛，但我卻感到多麼迷惑、茫然、困惑，不知如何是好。

米什萊恩和我回到家裏後，電話錄音機的燈不斷地閃著。我按下按鈕，聽到幾個保羅的留言，每一個都比前一個更迫切要知道我甚麼時候回家。不久，我鼓起勇氣打電話給他。聽到我的聲音，他顯得很高興。

最初那幾星期，我們經常見面。當然，我現在可以告訴你，在七月初那個寒冷的日子，我到悉尼接受檢查時，就是保羅用他那部樸實的紅色汽車送我到巴士站的。

幾個星期後，我們一起到悉尼探望他的家人，替他慶祝生日。他母親熱誠地歡迎我，令我感到很愉快。我們和她一起到附近一家很好的日本餐廳見保羅的兄弟伊恩（Ian）和他的太太。我很緊張。他的兄弟會覺得我怎樣？但我們一邊吃壽司和天婦羅，一邊閒談，我很快便感到很自在。我們在餐廳門外道別時，伊恩用力地擁抱我，並且說：「歡迎你來到我們的家庭。」我深受感動。那天晚上，我在睡覺前第一次用力地擁抱保羅，祝他生日快樂。我百感交集！

但在接著的幾個星期，我發覺自己的生命中有很大的部分是我不能真正全心全意地和保羅分享的。我是虔誠的基督徒，有好像家一樣的教會支持。我經常參加教會聚會和閱讀聖經，而我的信仰一直支持著我。保羅相信神很可能存在，在聖誕節和復活節也會到教會。但他的信仰歷程和我十分不同。

最後我提議保羅回到婚姻介紹所。這令我的女兒很驚訝，因為她們知道我多麼喜歡他！我假裝說那是因為我只是婚姻介紹所介紹給他的第一個人，一定還有很多可愛的女士等著和他見面，如果他只和我這個患有阿爾茨海默氏病的人見面，對他似乎並不公平。保羅和我經常開玩笑說那家婚姻介紹所是「老狗之家」，而我們則好像一對迷了路的老狗，正在尋找一個好的家。保羅終於回到老狗之家。介紹所給他一張名單，但他從沒有打過電話給名單上的女士！

在接著的星期一早上，倒是我的電話再次不停大聲地響起。是保羅打來的。「我想和你結婚，照顧你，因為我認為我得到吩咐，要照顧你。」

我哽咽著，這實在太難接受，我們只認識了幾個星期！我說：「或許你可以來吃飯，讓我們傾談一下，好嗎？」我放下電話，心裏七上八落。是的，保羅的確很可愛，但這實在太快、太突然、太出乎意料。而且，是誰要他照顧我？

他在那天中午趕來，帶著燦爛的笑容，雙眼閃閃生光，面上充滿喜悅。他開始告訴我前一晚發生的事。他坐在牀上，準備睡覺。突然間，房間充滿生動的電影影像，或許就像一個清醒的夢。他感到不可思議，他看見我們一起坐在有邊斗的電單車上。我們下車看日落，一個高聳、閃亮的物體從邊斗走出來。這閃亮的物體安靜地將我放回電單車上，轉身以平靜、堅定又溫柔的聲音對保羅說：「現在我會照顧她」，然後和我一起朝落日駛去。

保羅強烈感到這個異象或甚麼的意思是，他得到吩咐要照顧我，直到我去世，那時我會被安全地帶走。從醫學角度看，那可能是幾年後的事。保羅成了基督徒，每主日和我一起到教堂，也參加我的查經小組，開始很快地學習在信仰中懷著喜樂地生活，成為基督家庭的一分子。他裏面的詩情也開始流露出來，好像愛和喜樂一樣迸發！

首先，保羅寫了以下這首詩，表達即使我們只能有珍貴的短短幾年一起生活，然後我便會因為癡呆症而衰退和死去，也不要緊。

有多少時間

在我們的蠟燭熄滅前，我們還有多少時間？
四十年、十年、五年、還是一年？
六個月、一星期、還是一天——那當然太短暫！
但我不會抱怨。一天總比一刻都沒有為好。

接著他寫了以下這首詩，表達他會怎樣陪伴我，直到我死於癡呆症。然後到他也去世時，我們便可以再次走在一起。

當你躺下安睡

當你躺下安睡
我會緊握你的手。
呼吸柔和，心裏平靜、滿足。
當你最後一次躺下安睡
在谷地柔和地咽氣時
我會緊握你的手
並不滿足，直至
我的心慢慢停頓
才因為我們再次合一而滿足。

不久，繆思和詩人便經常走在一起。保羅來和我一起吃早、午、晚餐，只在工作和睡覺時才離開。他好像不想浪費任何時間——對我來說是珍貴的物品。我們將大量傾談和分享擠在短短幾個月內。

那時我的女兒需要適應這個新來的人，爭奪和她們這個與絕症搏鬥的母親相處的寶貴時間。這對她們來說絕對不容易，特別是米什萊恩，她那時和我一起居住。在她姊姊離家上大學後，我們便相依為命。

保羅和我認識幾個月後，艾恩錫和萊安諾在家裏時，我們吃完燒烤晚餐後圍坐在飯桌。保羅站起來，對我女兒簡短地說了一番話，承諾他惟一會向我伸出的手是幫助我的手。那天我們圍著飯桌哭了一會。女兒和我都知道他的誠意，他樂意陪伴我們開始走這條路——與癡呆症共舞的路。

異象成真！

一九九八年九月的一個晚上，保羅和我正忙於一起預備晚餐時，電話響起。我拿起電話筒。是神經科醫生打電話給我，告訴我五月和七月那些檢查的結果。

他說：「我看過那些掃描，將它們和三年前的掃描比較。我也研究過那些智力跟進測驗。那似乎不是典型的阿爾茨海默氏病，而比較像額顳癡呆症（fronto-temporal dementia）。據我從你的功能，以及現在和一九九五年所做的掃描之間的分別所見，你的衰退速度似乎真的十分緩慢。」

我無言以對！終於能夠擠出一句話：「這是否表示我可以活到能夠看見我女兒畢業，見到孫兒孫女？我能夠多活十年或更久嗎？」

他平靜地回答：「照你目前衰退的速度，以及你繼續運作的能力，我看不到為甚麼不能。」

為了這個好消息，我倆興奮得在廚房起舞！我們會有更多時間在一起，這是大家做夢也沒有想到的。

幾個星期後，我駕著我的綠色小汽車到保羅家裏，因為我們計劃那天晚上一起參加一個帆船會的聚會。我們同意乘坐我的車子去，在我感到疲倦時，可以由保羅駕駛。他坐在車子裏，開動引擎，細看地圖以找出聚會的地點。但他突然記起有些文件仍然留在屋裏，所以將地圖交給我，下車走到屋裏。他沒有關車門，引擎也仍然開動。

直到那一刻之前，我都沒有想起那個奇怪的異象——但在那一刻，我清楚記起那個異象。我坐在自己車子的乘客座位上，汽車的引擎開動著，司機位的車門打開了，我膝上放著一疊紙張。我心裏悸動，脊骨都涼了。我雖然有點猶疑，但還是在到聚會地點途中，將這件事告訴保羅。

一九九九年七月，我和同學一起在聖馬可神學院上輔導課，心想為甚麼保羅那天要到那裏和我吃午飯。一小時後，我回到課室上另一課時，我的世界已經永遠改變了，我也開始告訴同學為甚麼我那麼容光煥發。

保羅拖著我的手，帶我走進那鋪了石板的細小聖堂。我們安靜地坐在低低的木椅上，凝視漂亮的玻璃窗，上面有毛玻璃形成的十字架。在窗格下有一堆潮濕的綠草，在一棵大樹的蔭下顯得斑駁，小鳥在那裏唧唧叫，慌張地跳動。遠處是一個湖，湖面波平如鏡。

保羅跪下來，拿出一個小盒子，說：「克莉絲汀．伊娃．博登，你願意嫁給我嗎？」我深受感動，無言以對，只能夠勉強說出：「我願意。」我戴上戒指，那是一塊很大的藍色黃玉，是他母親多年前和他父親到巴西探望他時買的。那是一份給我們的特別禮物，包含了對他父親的思念，也代表了他母親的愛和接納。

接著我的教會忙於為我們安排婚禮，因為我們計劃在一個月後便結婚。弟兄姊妹的愛令我們驚歎。一切組織、鮮花、邀請和安排都有人負責，免去我很多擔心和憂慮。我只需要安排自己的禮服。

為甚麼我們那麼匆忙？不單因為我們都知道大家一起的時間十分寶貴，也因為我們和我在英國的母親談過有關安排。由於健康的緣故，她不能夠參加我的婚禮，但她十分希望我的姊夫艾沃(Ivor)可以代表家父將我嫁給保羅。家父在我認識保羅前一年已經去世。我姊姊和艾沃當時住在香港，只能夠在八月最後兩個星期期間，帶同他們的兒子來澳洲參加我們的婚禮。

我們終於安排好在一九九九年八月二十一日舉行婚禮。那是一個溫暖、陽光普照的冬日。教堂裏擠滿與我們一起慶祝的家人、朋友和親戚。我和艾沃一起下車時，我一邊整理自己的金色裙子，一邊嘗試保持手裏的米色蘭花穩定，雖然我的手正在顫抖。我十分緊張！整個上午我都忙於將鮮花插在頭上、化妝和預備裙子。朋友送來鮮花，屋子都充滿了花的幽香。很快，艾沃便乘坐著白色的婚車來到，車上佈置了白色的絲帶。

在教堂門外，艾沃握著我顫抖的手，溫柔地對我說話，給我鼓勵。然後他帶領我慢慢走上教堂的通道，兩旁的人都站著，保羅在聖壇等候。他穿著白色的絲質禮服，圍上金色的寬腰帶，面上帶著燦爛的笑容。牧師帶領我們經過愉快的儀式。我們交換了誓辭，並和朋友及家人分享我們的喜悅、信心和盼望。

婚禮有一個很特別的時刻。我和保羅彼此用一條厚厚的、柔軟的新毛巾和一盆暖水為對方洗腳。我們希望表明我們會怎樣在愛中關心對方的需要，就好像聖經對耶穌替門徒洗腳的描述一樣。我們的朋友和家人都相當感動，因為他們知道我們將要一起走這條癡呆症的路。

我的朋友說：「我們都那麼高興！只是四年前，我們以為你患了阿爾茨海默氏病，我們會失去你。但現在你仍然健在，並和一個這樣可愛的人結婚。這真是一個奇迹！」自從那個清新的八月下午開始，每一天對我來說都好像一個真正的奇迹——不單因為我的情況比自己期望的好，更因為我現在有可愛的丈夫，他和我一樣有堅定的信仰。即使在幾年前，我也不能想到可能有這一切事情發生。

2

帶著癡呆症「站出來」

挑戰成見

我經過三年才能夠公開談論我的病情，克服那使我的癡呆症惡化，令我的功能障礙愈趨嚴重的無望和抑鬱。從這個絕望的深淵爬出來，需要經過一番掙扎，期間我的信仰和朋友的禱告一直都支持著我。

我們實在太容易相信關於癡呆症，關於這病的末期，關於不能認得任何人，也不能説話等成見。關於末期癡呆症的這些圖畫深深地印在每個人的腦海中，要克服對它們的恐懼，是　場持久戰。似乎沒有人談及在確診和最後階段之間那段漫長的旅程——那段每天帶著癡呆症生活的日子。

我第一本書的出版，在一九九八年中將我推向公眾的目光中，雖然我不大願意這樣。人們看到我這個患有癡呆症的人仍然能夠説話，也預備好公開談論這種病，以及走在這個由確診到死亡的旅程有甚麼感覺。那是澳洲第一次有人「爽快地承認」自己患有癡呆症。我「站出來」，透露自己的病情，感到有點像那些愛滋病患者一樣，勇敢地承認自己患了人們害怕的疾病。癡呆症是令人羞恥的病，人們對它既害怕又否認，而不會承認它，與它搏鬥。

關於癡呆症的神話和恐懼——對患了引致癡呆症的疾病，處於末期的人的成見——帶來一種將我們孤立的恥辱。你們說我們不能夠記得甚麼，所以也不能夠明白甚麼。我們不明白，所以你們和我們疏遠也沒有問題。你們對我們也感到害怕和恐懼。我們不能工作，我們不能駕駛，我們不能貢獻社會。人們小心留意我的古怪詞語或行為，再沒有人徵求我的意見，人們也認為我沒有甚麼洞見，因此排擠我也不要緊。

但如果我確實有洞見，也可以清楚地說出或寫出我的經驗，人們便説我不值得信賴，不是癡呆症患者的真正代表。為甚麼這樣？或許是因為那成見和那恥辱都是建基於末期癡呆症。但癡呆症不單是最後的階段，而是一個旅程，從確診到死亡，沿途有很多不同階段。在這段旅程中，我為自己的可信性奮鬥時，最初只能夠孤軍作戰。

找到幫助和支持

一九九五年十月，我仍然因為被診斷出患了阿爾茨海默氏病而感到震驚，搖搖欲墜。我有點猶疑地拿起電話，撥阿爾茨海默氏病協會（Alzheimer's Association）的電話號碼。「我想得到一些關於被診斷為患上阿爾茨海默氏病的資料。」

接電話的人説：「你在照顧誰，是你父親還是母親？還是丈夫？」我有點嗚咽，十分輕聲地説：「其實被診斷出患了這病的是我本人。你們有沒有甚麼提供給癡呆症患者？」對方的回應是，實際上他們沒有多少東西是適合我的，因為大部分資料都是為照顧者而預備，他們假定照顧者會在家裏照顧我，而我是沒有能力或力量與別人溝通的。我掛上電話，感到好像被放逐。最近似我的「照顧者」的是我的大女兒，但她只有十九歲，而且遠在三百公里外的悉尼讀大學！

我感到我被自己以為是為了幫助我這種人而設立的機構遺棄。我敢肯定，如果我患了癌症，打電話到癌病協會，他們不會表示只有我的家人才能夠得到幫助。

我盡最大努力掙扎求存，寫了一本書，並處理自己所面對、似乎由阿爾茨海默氏病主導的新生命帶來的情感和心理上的痛苦。但到了一九九八年五月，我已經將我的書送到出版社，正在聖馬可神學院讀書，也開始感到自己的情況好得足以再次嘗試接觸阿爾茨海默氏病協會，要求對方提供給予癡呆症病人的幫助。我十分關注一個問題：他們只幫助照顧者，因此好像我這樣獨居的人便得不到任何幫助，只能夠與自己的情緒、感到只有自己患了這種可怕疾病的孤單感、以及因為太羞愧而不願意和別人談及這種病等困難搏鬥。

因此，我鼓起勇氣找出本地阿爾茨海默氏病協會的地址。我有一個錯誤的開始。我到了癡呆症圖書館，除了幾本書和一個辦公室的初級職員外，找不到甚麼其他東西。我**沒有方法**爽快地表示自己患了癡呆症。那裏的人當然假定我是照顧者，他們給我ACT阿爾茨海默氏病協會的地址。

幾天後，在一個晴朗、溫暖的五月早上，我收到我第一本書的校樣。它們似乎相當不錯！或許我可以利用它們和協會的人展開談話，或許它們會證明我是癡呆症患者，給我所需的可信性。

我手裏拿著校樣，找到ACT阿爾茨海默氏病協會的地址。協會位於坎培拉一個購物中心的一間銀行上面。我沿著樓梯向上走，推開大門時，感到很緊張，擔心不知應該説甚麼話。他們會相信我是癡呆症患者嗎？我畢竟能夠説話，所以我可能是照顧者。但或許那些校樣可以證明我患了阿爾茨海默氏病？在電話響過不停、影印機咯噔作響時，所有這些思想都在我腦海裏轉動。一位可愛又友善的女士歡迎我。她有棕色頭髮，穿著鮮綠色裙子，性格隨和。她表示很高興認識我，令我這個與癡呆症搏鬥，需要支持的人感到得到接納。

她開了電話錄音機，請我坐在一張舒適的椅上，給我一杯茶。我發覺她名叫米雪．麥格夫（Michelle McGrath），剛剛開始成為總幹事，義務開展協助癡呆症患者及他們家人的工作。

我告訴米雪自己被診斷出患有阿爾茨海默氏病，以及寫了一本書。我説：「患有癡呆症的人也需要幫助。你能否找出幾位也被診斷為患上癡呆症，而又希望和別人定期見面，一起傾談和喝茶的人？」後來我發覺那次接觸是很合時的，因為協會正在考慮為癡呆症患者，而不單是照顧者提供服務。

那個我們稱為「友誼小組」的團體在一九九八年六月成立。成員包括四位患了癡呆症的女士。米雪每次都和我們一起，總是帶著笑容、健談，記得我們喜歡怎樣喝茶，並促進我們的討論。她的熱心和開放，令我們每一個人都感到自己得到珍惜，以自己的本相得到接納，雖然我們患了病。我們一起外出購物、喝咖啡，建立了親密的友誼，彼此分擔沮喪、抑鬱、憤怒和疑惑等重要的情緒。

諾拉（不是她的真名）總是悉心打扮，將指甲修剪和塗上指甲油。我記得有一天她說：「星期六我和丈夫發生很大的爭執。他不肯移去汽車前面的箱子，因為他說那裏根本沒有箱子。」我們談了這件事一會，然後我溫柔地說：「有些患了癡呆症的人會看見一些別人看不見的東西。我知道去年我也遇到這種可怕的事情。」她顯得很驚訝地說：「你的意思是，我看見的箱子不是真實的？」她多想了一會，然後繼續說：「我丈夫真可憐。我真的為了那些箱子向他高聲喊叫。或許它們真的根本不存在。」

幾個星期後，諾拉說她被看起來好像是躲在衣櫃後面的老虎的東西嚇怕。我探望她時，發覺她那大衣櫃後面有一面鏡子。那面鏡子可以將物件反映出來，令它們看起來很可怕，尤其是在沒有開燈的時候。我們和她丈夫談及這件事，讓他可以確保鏡子被蓋上，或者電燈總是開著。

我在小組開始後幾個月，到海倫（同樣不是她的真名）家裏探望她。她丈夫外出工作，她則留在家裏。海倫說她經常感到迷失，甚至在自己家裏也是這樣。她說，那不是迷路，而是好像失去自己。她知道房子在她周圍，她也可以看到自己的身體，但不知怎的，在她腦裏卻感覺不到自己是存在於這空間中的人。海倫說她獨自一人時情況最糟，但當她丈夫、照顧她的人或朋友和她說話時，她又似乎從她迷失了的某處回來。或許他們對她來說好像一面鏡子，反映她的存在，重新肯定她的人性。

在接著的六個月，在我和保羅展開我的新生命期間，我繼續出席友誼小組。我和她們分享我對將來的盼望和恐懼。不久，保羅開始對幫助阿爾茨海默氏病協會感興趣。一九九九年初，他每星期有兩天不用上班，所以主動提出幫助阿爾茨海默氏病協會成立另一個小組。我們在一個社區中心聚會，一起喝咖啡或茶，有時也外出或野餐。

我們往往進行循環討論，因為我們記不起自己剛剛說了甚麼，所以我們經常說的一句話是：「我可能已經告訴過你們，但是……！」那裏充滿幽默感、很開放，大家也感到彼此一起很投入。

我們請了小組的所有朋友出席我們的婚禮，分享我們的喜悅。那真的很美妙！我記得埃里克（不是他的真名）遲了一點趕來，當時我剛好正在從花車下來。他對我說：「啊，你看起來多漂亮，在這裏見到你，真令我感到驚訝！」諾拉坐在輪椅，面帶笑容，在婚禮後親切地問候我。幾星期後，在小組中，諾拉說我穿著那條金色裙子走過教堂的通道時顯得相當可愛。但幾句話後，她又說自己不在那裏。我們溫柔地談及這事時，她指著自己的頭，流著淚說她察覺到在她的頭腦裏，她並不在那裏。我擁抱她時哽咽著。

後來，我們在一九九九年和米雪一起為癡呆症患者和他們的家人舉辦了一個工作坊。我們希望知道，這些小組能否幫助患者家人應付這病。我們也希望找出溝通方面的問題。所以我們連續舉辦了兩節工作坊：一節為癡呆症患者而設，一節則以他們的家人為對象。我們向兩組人提出相同的問題。最後，兩組人聚集在一起，每一組都報告他們對問題的回應，期間充滿幽默感，大家也很享受這段時間。

第一條問題是：「你認為『你的家人／你』是否明白癡呆症患者的感受？」癡呆症患者的普遍回應是：雖然家庭在他們生命中是最重要的，但家人並不真正明白連最普通的日常事情也不記得究竟是怎樣的。是的，我們都同意保存一本記事簿是很好的想法，但有時在很多時間，你都需要別人提醒你查閱記事簿！我們都同意有充滿愛心的家人支持是重要的，也很感激這種支持；但我們想得到的是家人的聆聽，問我們想怎樣。

有一個人講述他被診斷出患上癡呆症後幾天，他的太太便開始為他做所有事情。令他感到最困擾的是，她怎樣每天早上都為他預備衣服，彷彿他是一個小男孩。他感到自己不能將自己的感受如實告訴太太，因為這樣會令她不開心，但他是那麼沮喪，以致開始對太太感到憤怒，並且呼喝她。當然，他太太和家人都感到迷惘，他和家人都感到焦慮，以致需要外面的人介入。這一切焦慮都源於那個患有癡呆症的人不想傷害太太的感情，而他太太則從沒有問過他，但卻以為自己正在做正確的事情。

我們問人們參加了小組後有甚麼分別時，所有人都給予相當正面的回答。例如：七十多歲、總是樂意預備咖啡的杰克(不是他的真名)說：「這是一段很長的時間以來，我最快樂的日子。這裏就好像一個快樂的大家庭一樣。我百分百感到自己好轉了，不知道沒有這個小組會怎樣。我有更多機會説話，而且沒有人感到厭煩——每個人都諒解和聆聽。我們都坐在同一條船上。」

彼得(不是他的真名)説：「我喜歡這個房間，這裏就好像我童年時的小房間，我可以在這裏説任何話或做任何事，沒有人會感到煩亂或被冒犯。」

麗安(不是她的真名)總是穿得很醒目，我們到她家接她參加小組時已經預備好。她在回答前先很小心地確保自己用詞正確。她以前是教師，她關注的其中一件事是喪失詞彙。麗安説：「每星期我都期待著參加小組——雖然我會忘記那一天！每個人都有機會説話——我們有很多交談。成為小組的一分子，令我更容易帶著這種病生活。小組對我很有幫助，因為我需要傳遞資料給家人。」

詹妮特(不是她的真名)自從被診斷出患有癡呆症後，便沒有外出，也沒有朋友探望她。起初她不大願意參加小組，但經過第一次聚會後，她便不斷問下次聚會甚麼時候舉行。她不想錯過！詹妮特告訴小組的成員：「我喜歡和一羣思想相近的朋友外出，喝咖啡，購物，看電影。一羣普通人一起做普通的事情。我們再次成為正常人了！」

我們問人們是否希望繼續參與小組時，所有人都表示希望這樣。麗安説：「是的——沒有『如果』或『但是』，如果我不能來，我會想念小組。」詹妮特説：「有膽便嘗試阻止我來吧！」

接著我們問參加者的家人怎樣想。瑪嘉烈(不是她的真名)說:「是的——他比以前更好交際,沒有那樣退縮。他在參加小組那天似乎更聰明、更快樂和更健談,也更多和人談話。為甚麼不將錢花在人們身上,而不是花在給照顧者預備下午茶等?」

保拉(不是她的真名)提到她丈夫很享受聚會。「他回來時顯得容光煥發,這樣已經減輕了我的壓力。他參加聚會時我可以外出,他回來時則變得更放鬆。」

亞歷山大(不是他的真名)說:「這個小組很積極,而且給她焦點。她期待參加小組聚會,也喜歡談論這個小組。」

所有家庭成員都同意,這些改變在三四次聚會後出現。我們希望向轉介人們參加小組的機構查詢,以找出我們看到的轉變能否被人更客觀地觀察到。我們邀請那位職員來和小組一起吃午餐,看她能否觀察到任何轉變。她說:

> 我評估過服務對象後幾個月參加這個小組的燒烤午餐,令我最感到驚訝的是那活動是完全「正常」的。這絕非給予恩惠或俯就。事實上,很明顯的是,沒有人接受恩惠或得到特別照顧;有的只是互相照顧和支持,以及互相分享,最重要的是,有喜樂、幽默感和牢牢建立的連繫。
>
> 眾人(那些我進行過家訪的人)第二個最令人驚訝的轉變是,他們的面部表情和姿勢都放鬆了。我以前感到他們那種緊張和無望及挫敗感已經不再明顯。毫無疑問,他們很多時仍然感受到

這些事情，但至少他們現在有機會在安全的環境中，和其他完全明白他們說甚麼的人，一起處理部分這些感受。

我對她的話有共鳴。這些話很能夠反映我的感受。我和別人分享自己的感受時，我在被確診後感到的無望和沮喪便開始消失。我不再感到孤單，也知道那個協會，特別是米雪，會幫助我。我結識了新朋友，也參加戶外活動，也感到自己正在幫助別人，正在做一些有用的事情。我感到自己得到重視，重新得到身為人的尊嚴和尊重。

在那一年，我為這新找到、給予我支持的安全網而感到放鬆，將精力都花在幫助協會上。但一個粗暴的打擊正在等待我。

和成見搏鬥——如果我能夠說話，我便沒有患上癡呆症！

婚後一個月，我們在珀斯 (Perth) 出席全國性會議，正在享受晚餐。那是一九九九年九月。前一天我在全體會議講述自己身為癡呆症患者的經驗，雖然感到疲倦，但卻因為身為與這絕症搏鬥的人，卻能夠參與和被包括在會議中，嘗試與別人接觸，幫助別人了解這病而感到高興。

在附近一張桌子，另外一個全國性協會的總幹事說：「但她是癡呆症患者是不可信的。」他質疑我是否真的能夠代表癡呆症患者說話。我並不符合他對末期癡呆症患者的定型。我感到很沮喪。我在哪方面不可信？難道他以為我在假裝嗎？為甚麼我要說謊，表示自己患了這個每個人都害怕和感到羞恥的病？

第二天上午有一個會議討論為早期癡呆症患者而設的支持小組。我在我們居住的汽車酒店裏一個陽光充足、以玻璃作牆壁的房間參加這個小會議。一位女士清楚表明她不想我參加那個會議。她感到要與患有癡呆症的人談話實在太困難，因為她丈夫得到和我類似的診斷，但卻不能夠和別人溝通。她感到那實在太具威脅和令人激動。她對我說了一些話，也說了一些關於我的話，令我感到深受傷害，就好像沒有人相信我真的和這疾病搏鬥一樣。

我流著淚離開那會議，我現在仍然記得當時的痛苦，但這令我的決心更堅定，要致力改變以為如果我能夠說話，我便沒有患上癡呆症這種那麼普遍的態度。

我除了和疾病搏鬥外，還要應付這場繼續和這種負面態度搏鬥的戰爭。不久前的一天，一個來自美國的記者訪問我時，也質疑我得到的診斷。她說，我得到的診斷已經是九年前的事。那已經不再是阿爾茨海默氏病，而是其他疾病。她的問題的潛台詞是：「或許你並非真的患有癡呆症；或許你不能真正代表患有阿爾茨海默氏病的人，他們才真的有那種病。」

我嘗試解釋說癡呆症這個詞是一個統稱，包括好些由腦部損傷引致，有類似病徵的疾病。這些病徵包括混亂、失憶、說話及其他言語問題。我說我們接受癌症這個詞可以用來指好些由不受控制的細胞生長引致、有類似病徵的不同疾病。無論我是患了阿爾茨海默氏病、血管性癡呆症（vascular dementia）、萊維體癡呆症（Lewy Body dementia）還是額顳癡呆症，我仍然是有由腦部損傷引致的類似病徵，仍然是患了無法醫治的絕症。

但我仍然在這裏，清楚地說話，卻令那些對末期癡呆症有上述成見的人感到困惑。如果我能夠說話，我便沒有患病。這就是那個大困境，癡呆症叫人左右為難的困局。

人們往往問我是否真的患了癡呆症，我得到的診斷一再受到質疑。但假如我公開表示自己被診斷為患了乳癌，人們會質疑那診斷嗎？人們會想看那個腫瘤、那些疤痕，會要得到我患病的證明嗎？為甚麼我能夠談論自己患了癡呆症，人們便要求我提出證據？似乎只有那些到了末期的人才是可信的。但在確診後，我們通常都有幾年時間與衰退搏鬥。而在這段旅程中，大部分人都仍然能夠說話。

所有在這旅程上走的人都有權要求別人聽我們說話，聆聽我們，尊重我們。我們掙扎著和別人溝通時，實在沒有時間給他們不聆聽我們的聲音。

人們都有一個普遍的觀念，認為我們這旅程的不同階段是可以清楚地分為不同部分的。他們可以將我們每一個人仔細地評估，然後歸入這些不同階段。

我記得於二〇〇三年，在一個國際會議中，我和一位著名科學家一同坐在講台上。那位科學家的事業是建立這些對不同階段的描述。當時台上有三個人，他首先發言，接著是我。他放映一張接一張的幻燈片，以及一些圖表和一覽表，描述我們這些癡呆症患者在這個病的每個階段的具體情況，我們不再能夠做甚麼，以及在這條仔細描述的路上，人們應該怎樣根據我們一步一步地衰退來對待我們。他發言後坐下，我走到講壇前。

經過他這樣科學化地分析我和我的病後，我不確實知道自己應該從哪裏開始，所以只是說：「我不知道自己處於你們剛才聽到的哪個階段。現在有很多事情都是我不能夠做的，但還有些事情是我能夠做的，雖然根據你們剛才看過的圖表，你們可能並不預期我能夠做這些事。」我的演講很個人化，是關於被確診為患上癡呆症，被貼上標籤，得到在某段時間後會衰退這個醫學描述有甚麼感覺，以及我怎樣雖然有這一切預期，但仍然健在。第三個講員將講稿放在一旁，很出色地總結了在場人士剛聽到的科學及個人觀點。

我是一個個體，腦部患了病。我身體的這個部分深受我的性格和態度影響。這個病當然影響著我，逐漸愈來愈多地奪去我的能力，但可以肯定的是，我的個人特徵表示，人們難以很容易和這樣自信地將我的衰退分類。而這些圖表、一覽表和階段否定了我的個人特徵，令我因為在患了癡呆症若干年後仍然能夠說話而顯得不可信。

我們經常聽到有人患了癌症後仍然能夠生存，他們出乎意料地比醫生預期活得長久很多。我們為他們在掙扎求存中的勇敢、勇氣而鼓掌。但當我們這些患了癡呆症的人沒有好像人們預期那麼快地衰退，或者似乎能夠生存更長時間，能夠有更長時間清楚地說話，保持活躍時，人們便質疑我們得到的診斷。

為甚麼會這樣？為甚麼人們不能夠為癡呆症倖存

者喝彩？或許如果我們毋須與對癡呆症的成見戰鬥，我們會活得更好和更長久。或許我們當中很多人都發覺，放棄並好像別人預期那樣生活，不大說話或真的「存在」，是比較容易的。

與網絡上的朋友見面

一九九九年在珀斯那次帶來傷痛的晚餐後，我感到很孤單。因為我發覺我和癡呆症的戰鬥會令我得到的診斷一再受到質疑。但到了二〇〇〇年三月，我的感受完全改變。我不再以為自己是惟一一個人患癡呆症而能夠說話，並挑戰人們既定的看法——認為癡呆症患者很快便變得沒條理。那時我接到悉尼阿爾茨海默氏病協會圖書館一位好朋友的電話。她說：「美國有一位名叫莫里斯．弗里德爾的男士，他是癡呆症患者。他透過互聯網從我們這裏購買了你的書。他希望和你聯絡。我可以將你的電郵地址給他嗎？」

我同意了。在接著的幾個月，我對一個新的互聯網支持小組有一點認識。這個小組稱為「應付個人失去記憶」(Coping With Personal Memory Loss)，由莫里斯的朋友勞拉．史密斯(Laura Smith)建立。到了那年的世界阿爾茨海默氏病日(World Alzheimer's Day)，小組的幾個成員聚集在一起，在美國進行記憶步行。小組也變成了癡呆症倡議及支持網絡(Dementia Advocacy and Support Network, DASN)。

定期收到美國和加拿大患有癡呆症的朋友發出的電郵是很好的。他們和我一樣，仍然能夠和別人溝通，樂意說話，並希望挑戰人們對末期癡呆症的既定看法。

我們當中大部分人都在服用抗癡呆症藥物，我們也不願意被人根據固定的階段，歸類為醫學上衰退的模式。

但或許躲在電腦屏幕後面談論我們的感受實在太容易。不過我們怎樣改變我們所面對的態度——那些說我們會衰退，否則我們便不是真正的癡呆症患者的圖表？我們怎樣挑戰身為「病人」或「受苦者」這個觀念，並讓世界知道，我們是個別與絕症搏鬥的人？

在本地和國際上實行倡議

本地阿爾茨海默氏病協會的總幹事米雪鼓勵我們參加協會的所有活動。不久她便委任保羅加入委員會成為主席。不久，我也獲選入管理委員會。

以這種方式參與實在令人驚訝，雖然人們將癡呆症患者定型為沒有能力這樣參與。我這樣參與肯定給少數人挑戰。但每當有人質疑我的能力時，我便說：「我樂意做小型的精神狀況測驗，只要委員會中每一個人都做同樣的測驗。」這引發一些緊張的笑聲——沒有人準備好主動接受這樣的測驗！

對我來說，和我「共同倡議的網絡朋友」一起，在本地以外致力改變別人的態度這個漫長的旅程，始於二〇〇一年三月。

走出第一步

飛機滑行到坎培拉機場時，我們緊張地站在旅客登機橋的頂部。那是三月底一個陽光普照但寒冷的日子。我們在那天早上駕車到機場時，樹葉生動地展示著秋色。

他的樣子是怎樣的？我們會認出他嗎？一切都由在網絡空間的旅程開始。我在莫里斯的網頁見過他的照片，所以我希望我們能夠認出他。他就在那裏，和我想像一樣，一位個子細小、有深灰色頭髮的「教授」。他拖著一個大行李箱。後來我們發覺行李箱裏面裝滿書籍！

那個星期令我們感到鼓舞。莫里斯和我詳談。我們講述大家的獨特性有甚麼意義，思想每個人的癡呆症那非典型歷程，以及討論大家為了得到別人聆聽而進行的奮鬥。我們在間歇性地精力充沛的時候緊抓點滴的思想和創意，然後又陷入其間的疲倦和空白中。

保羅煮食和侍候我們進餐，駕車載我們欣賞秋色，在我們短暫地精力充沛，接著又筋疲力盡時微笑。他笑著說：「我在廚房聽到你們談論生命和死亡的意義時，感到自己好像是佛洛伊德的妻子接待來吃晚飯的愛因斯坦！」

我們輕鬆地度過了幾天，一起交談後，便駕車進入坎培拉市參加全國性會議，莫里斯和我會一起發表全體講話。

我感到筋疲力盡。我花了很多個月預備那演講，而且第一次使用簡報圖形軟件（PowerPoint）。我將我們兩人的思想和意念製成一套投影片，在預備我們的演講時和莫里斯交換了無數個電郵。我們也為從澳洲各地而來參加會議的十多位癡呆症患者預備一些特別時段的材料。那是澳洲第一個歡迎和鼓勵癡呆症患者參加的全國性會議，也可能是世界上的第一個這樣的會議。

我和所有這些參加會議的患者都通過電話。但有幾次，我要先向他們的配偶解釋，我真的想和患有癡呆症的人說話，因為我們想知道他們的意見，而他們受到支持和鼓勵出席那個會議。癡呆症患者在家裏幾乎好像隱形一般，家人不准他們聽電話，也不再重視他們的洞見。

在舉行會議的地方，莫里斯和我環視舉行特別時段的寧靜房間，那裏有舒適的椅子，也有咖啡和茶。我們都同意，在繁忙的會議中，那是一個讓人休息的好地方。在未來幾天，我們兩人都會經常從忙碌中退下來，使用這個房間，花點時間讓「腦部休息」，在每次筋疲力盡時，在那裏讓自己恢復精力。

在第一個「互相認識」的環節，我們緊張地站在門口，在每個人進入時歡迎他們。那些照顧者仍然逗留下來，不想離去，他們似乎很不願意讓癡呆症患者自己留在那裏。他們看來似乎感到疑惑，為甚麼我們要聆聽這些患者說話？這些患者會不會安全？他們當然不相信我們兩人也是癡呆症患者。

在最後一節，澳洲阿爾茨海默氏病協會的全國總幹事格倫．里斯（Glenn Rees）和主席羅伯特．楊（Robert Yeoh）醫生和我們一起。他們兩人留心聽我們說話，也問我們對協會當時的工作有甚麼想法。身為癡呆症患者，我們得到認可和尊重。那位總幹事說話很溫文，個子很高，態度溫柔謙遜。他最近才獲委任接受這職務。他很支持我們，令我對癡呆症患者能夠得到聆聽和接受充滿盼望。主席個子矮得多，面上帶著親切的笑容。他是一位醫生，對幫助患者的家庭應付癡呆症充滿熱誠。他們兩人都令我們感到，我們的意見得到聆聽，他們樂意聆聽，也令我們希望，癡呆症患者在協會的生活中也能夠扮演一個角色。我們製作的消費者焦點報告 (Consumer Focus Report) 也是由澳洲的阿爾茨海默氏病協會出版的。[10]

翌日，莫里斯和我緊張地走上講台，站在一大羣觀眾面前，隱藏在照射在我們眼中的光線後面。保羅和我剛花了幾小時和莫里斯一起在那個寧靜的房間裏，幫助他練習那講辭，讀出我們預先寫好的話，並不時抬頭看聽眾。現在在會議最後一天的全體會議中，要由我開始我們的演講，然後莫里斯會發言。

我們的投影片提到診斷中「咒詛人交惡運那有害的力量」。我描述我們的世界彷彿到了末日，我們經歷到心靈和盼望的挫敗。我們對進一步損失感到極端懼怕，對將來有甚麼事情發生也感到害怕。

我引述癡呆症倡議及支持網絡一位朋友卡羅勒·馬利肯 (Carole Mulliken) 的電郵。她說：「我們得到診斷之前，每個人在個人關係中都可以是別人重要和親密的伙伴。但一旦得到診斷後，我們便變成負累，好像一隻寵物，一件抵押品，或昨天有待清洗的衣物。」[11]

莫里斯以前是社會學教授，我則是高級公務員。但一夜之間，我們都變成了只是另外兩個癡呆症病例。人們期望我們從世界舞台上退下來，只給我們扮演最微不足道的小角色。對我來說，似乎從那時開始，我便只能夠在有「照顧者」陪同的情況下才能夠活動。為甚麼一夜之間便有那麼多改變？

輪到莫里斯發言時，他說：

我們的腦掃描象徵診斷的那一刻。在那一刻我們的生命永久地改變了。藉著發表這次演講，在這個環境中發揮功用，我們挑戰癡呆症患者必定缺乏洞見、能力或判斷力這種觀點。你們可能傾向以為我們被誤診，或者我們沒有患這種病，或者我們能夠發揮功能只是例外，和其他癡呆症患者毫不相干。

但如果我們是年青人，在電單車意外中撞傷了頭部，有類似的擴散性腦部損傷又怎樣呢？又假如我們的父母富有又愛我們，讓我們接受一流的復康服務，給我們必須的盼望，讓我們相信自己可以回復豐盛和有生產力的生活，那又怎樣呢？這麼一來，我們的成功便不會顯得那樣奇怪了。

到了我們的聯合演講的這個時候，那些密密麻麻、看著我們的頭沒有任何動作，沒有人移動一下，你甚至可以聽到一支針掉到地上。保羅在後面挺直身子坐著。他說他可以看到下面周圍的人都拿著紙巾抹眼淚。我們的話直達人們的內心和思想。

莫里斯繼續說：

人們給予癡呆症患者的只是「慢動作的善終服務」。我們拒絕這樣。被診斷為患了癡呆症後，我們和我們的家人仍然要生活。那有害的謊言是，我們那不正常的腦部令我們在生理上變得低等。我以前不是曾經聽過「生理上的低等」嗎？是納粹……是大屠殺。

莫里斯以猶太人的身分說出這些話，顯得相當有力，他繼續說下去時，有更多人拿出紙巾抹眼淚：

> 我們的生活方式，需要對抗關於癡呆症的有害謊言——以驅魔的方式生活，對抗診斷中那交惡運的咒詛。人們可以引導我們進行簡單的治療性行為，是不大可能失敗的，透過這些行為，我們可以開始重拾有能力這種已經被破壞的感覺。我們可以透過付出和關懷，恢復我們對價值和意義的感覺，從而發現參與生命的方法。這樣得到力量後，我們再次發現，我們可以面對和勝過挑戰，並肯定我們的勇氣和尊嚴。

現在我思想莫里斯的話，並在這裏重述這些話時，我明白到它們怎樣真正標誌著「巨大的變化」。它們是以力量和尊嚴清楚地說話的開始，挑戰流行的態度，並懷著盼望展望新的將來。他的話帶來的連鎖反應超越坎培拉，到達澳洲甚至更遠的地方。他說：

> 我們彷彿擁有雙語或雙文化。我們從自己過去的生活方式中被放逐出來，有很多時間進行深入和有創意的溝通。我們也察覺到自己在地上短暫的寄居是多麼珍貴。在創傷中倖存，我們知道自己有多少力量。我們的認知可能減退，但我們可以取用有力的資源——我們的情感和我們的靈性——與你們溝通。我們曾經在你們那裏，所以能夠越過那分隔，以新的方式和你們接觸。

他談到我們這些癡呆症倡議及支持網絡的人，知道好像馬丁路德·金(Martin Luther King)形容，影響著美國黑人那種「不斷變壞的微不足道感」是怎樣的。莫里斯提到國際癡呆症倡議及支持網絡怎樣致力改變人們的看法。他引述馬丁路德·金的話。這位黑人民權領袖鼓勵自己的同胞「勇敢但懷著尊嚴和基督徒的愛進行抗議」，將來的世代會記得這些質素。[12]

接著我走到講壇，感到要接續這有力的信息，實在力有不逮，但我用以下的話結束我們的聯合演講：

> 身為癡呆症的倖存者，我們十分明白「正常」和癡呆症的世界，我們也經過了非凡的過渡。藉著發表這演講，我們提出全面參與文化生活，為所有在認知上有限制的人奮鬥。莫里斯和我身為基督徒和猶太人，身為阿爾茨海默氏病和額顳癡呆症患者，身為澳洲人和美國人，彼此團結一致。
>
> 我們嘗試一起努力，將我們的文化轉化為尊重人類——或按著神的形像受造的人類——的尊嚴。讓我們在這段有尊嚴地在癡呆症中倖存的旅程裏成為同伴吧。[13]

我坐在莫里斯旁邊，感到鬆一口氣，也感到疲倦。

我們感到疑惑，因為那演講的主持人牽引我們兩人到台前。我們發覺掌聲仍未停止。我凝視耀眼的燈光，發覺在場的觀眾都起立鼓掌。莫里斯和我都深受感動，我們緊張地接受這莫大的支持。

在會議結束時，癡呆症患者來到麥克風前說話。他們說：「我以前從未公開談論癡呆症。」他們分享自己的感受，以及這個會議怎樣令他們感到自己得到接納和肯定，其間他們都哭起來。

那是一個漫長旅程的開始。那個旅程帶領我們透過網絡空間，以及和別人面對面，走遍世界。改變人們對癡呆症患者的態度的第一步，在坎培拉的秋色中踏出。下一步則在美國蒙大拿州（Montana）溫暖的夏天進行。

走向世界

保羅在七月安排了一次到新西蘭的旅行，讓我們可以休息幾天，然後便到蒙大拿州和我們在國際癡呆症倡議及支持網絡的朋友一起工作一星期。在那以後，我們會到多倫多與加拿大阿爾茨海默氏病協會的人見面，接著會到倫敦會見國際阿爾茨海默氏病協會（Alzheimer's Disease International, ADI）的人。我們計劃在回程時到柏林一兩天，探訪我一位朋友，然後到波蘭，保羅想在那裏逗留幾天，讓我看一看他曾經居住過的地方。

總而言之，那會是一個匆忙的旅程，只有很少休息或停止工作的時間，而且有很多工作要做，有很多文章要寫或印出來，也要和很多人見面及交談。想到要出發已經令我筋疲力盡，但我很感激那製藥公司贊助我們到蒙大拿和倫敦的機票。

玩具熊環遊世界

在我們展開那段漫長的旅程前，我的小女兒米什萊恩來和我道別。她送了一份包得很小心的禮物給我，還有一張有一隻玩具熊的圖、十分可愛的卡。我將包裝拆開，看見盒內有一隻和卡上面一樣的玩具熊，它身上的白色外衣上面有一個粉紅色的心，上面寫著：「媽媽，我愛你」。

米什萊恩要我將玩具熊拿出來，在旅程中帶著它，安全回到家裏後，再將它放回盒子。所以，那天晚上，那隻玩具熊便被我放進背囊，預備展開它環遊世界的旅程。對那隻灰色的小玩具熊來説，那會是刺激但疲累的旅程，它也會在世界很多不同地方拍照。

我為米什萊恩的十六歲生日預備了一本可愛的照片集，那本照片集名叫「玩具熊遊蹤」。在第一頁，那隻玩具熊在二〇〇一年六月底，在新西蘭的雪下瑟縮。幾頁之後，它卻坐在陽光普照的蒙大拿。現在看著這些照片，它們都成了我的美好記憶，因為我腦中已經不再存著這些畫面了。我翻開每一頁，看著每一個地方、每一件事、每一個人。我手裏抱著玩具熊，每幅照片都用銀色筆寫上説明文字。我看著自己在不同地方抱著玩具熊時，不禁笑起來，但那些地方與我卻奇怪地沒有連繫。

我並不能想起自己到過那些地方，對照片中發生的事件也沒有任何其他記憶。我腦裏不能想起任何其他影像或聲音。但很明顯，證據就擺在我眼前，我曾經在那些地方，今天看著那些照片，看著人們在微笑，看著那些有趣的地方，以及一些我認得的特別家人時，我仍然可以享受那些過去的事件。

玩具熊出現在每張照片中，現在它則從旅行中回來，躺在我桌旁的紙盒內。它提醒我，它和我都曾經到過那些地方！

行色匆匆，會見很多傳媒

我們到海外訪問前的週末，我很緊張，感到自己彷彿闖進未知的領域。我們正在展開全球性的任務，和蒙大拿州的人及倫敦國際阿爾茨海默氏病協會的人會面，但對這個任務卻沒有任何把握。

我們匆忙、忙碌，執拾行裝，找地方放置玩具熊，決定帶甚麼，決定我需要多少藥物等等。在這些繁忙的活動之間，我們還要記得看電視，看傳媒報導我們的生活。那個週末，在星期日清早，「星期天日出」(Sunday Sunrise) 這個節目播放一段稱為「悠長的道別」(‘Long Goodbye’) 的特輯，介紹了我們一起的生活，以及我們對將來的盼望。

令我最難忘的一幕是，在一個涼爽的秋日，在太陽剛開始下山時，保羅和我手牽著手，在坎培拉波平如鏡的湖邊散步，觀看黑色的天鵝在水面滑行。那些顏色漂亮極了，那時刻在鏡頭捕捉下顯得相當平靜和意義深遠。但在很多方面，那畫面都增強了在日落時散步的影像，而不是在慢線的新生活，有新的活動和新的機會。

不過，在星期一的「七時三十分報告」(7.30 Report) 則提供了一個相當不同的觀點。那個報告是關於我剛取得牧養輔導的畢業文憑。節目主持人這樣開始：

七年前的今天，克莉絲汀·伯頓獲頒發女皇生日

> 榮譽獎狀。當時她在總理府工作，是很有抱負的公務員。在接著的一年，克莉絲汀被診斷出患上一種癡呆症……她「拒絕將癡呆症當為不能克服的障礙」。[14]

在訪問中，我說：「實際上，你能夠挑戰腦部，更新一些部分。我正在失去腦部的一些部分，但我教導其他部分怎樣做事。」

但或許我做得過了頭？或許我給自己的腦部太多教導？這次到蒙大拿和倫敦，然後又回來的旅程肯定會令我十分疲累，或許我不應該這樣走出去，或許我應該讓其他人為癡呆症患者發言？我知道自從我得到那診斷後，我的女兒經常都這樣想。

我記得我的大女兒艾恩錫對我忙碌和緊張的生活感到頗為生氣。她對我說：「媽媽，為甚麼你不能好像其他正常人一樣對待癡呆症，只是留在家裏休息！」她在想，為甚麼她媽媽因為明顯在和絕症搏鬥，而要成為這樣的「工作狂」，不斷那樣努力，那麼緊張和疲累。她擔心我會因為那麼努力而衰退得更快。

我不能回答她提出的問題，為甚麼我那麼努力改變別人的態度，挑戰成見，除了說我對那些患了癡呆症，沒有足夠精力，也沒有集體思考，深受別人誤解的人深感同情外。

除非你真的能夠從我們——這些走在從確診患上癡呆症，到死於這病的旅程上的人——的角度看世界，否則你不能夠同情我們，不能夠給我們所需的照顧，讓我們在這條癡呆症的路上走。我只希望終有一天，所有癡呆症患者都得到別人以尊嚴和尊重相待，而照顧我們的伙伴和照顧者都會盡一切努力明白我們的需要，雖然大家不能用言語溝通。

正是這盼望帶我到蒙大拿。

蒙大拿的高山

那是六月底，我們沿著機場入境大堂那些石板樓梯走，經過掛在牆上那些很大的麋鹿頭和熊頭。莫里斯．弗里德爾面露笑容，預備好歡迎我們到蒙大拿。他駕車載我們到勞拉．史密斯的家庭農舍時，我們在閒談。那農舍在綠色的山谷裏，遠處有高山。

癡呆症倡議及支持網絡透過互聯網安排了大家在勞拉家裏會面，草地上也停泊了幾個來自美國各地的流動住宅，農舍很繁忙，人們陸續抵達。琳．杰克遜(Lynn Jackson)已經從加拿大飛來，吉妮．李(Jeannie Lee)由夏威夷(Hawaii)來到，簡．菲利普斯(Jan Phillips)和瑪麗．洛克哈特(Mary Lockhart)都在那裏，她們和丈夫從在美國的家裏駕著流動住宅來到。卡羅勒．馬利肯、艾麗斯．揚(Alice Young)和坎迪．哈里森(Candy Harrison)都在那裏。能夠和我只在電郵內容底下見過他們名字的人見面，是令人十分快樂的時刻。對我來說，這些都是很特別的人，他們和我一起走這條癡呆症的路。發覺我們十一人都能夠與別人溝通、分享和一起為了實現改變而努力，是令人興奮的。

我們約好在第二天見面，保羅說他會幫助我們做筆記。我們談及大家的聊天室，大家的電郵羣體，以及我們為癡呆症患者建立一個以互聯網為基礎的全球性倡議及支持網絡的這個夢想。

我們每個人都經歷過被診斷出患有癡呆症的創傷，每個人都從本地的阿爾茨海默氏病協會尋求支持和承認。莫里斯十分欣賞澳洲的阿爾茨海默氏病協會，他們在那年較早時為癡呆症患者而設的聚會中很接納我們，也考慮我們提出的意見。

保羅很小心地做筆記，每次我們停下來休息時，他都急忙趕到莫里斯的房間，將筆記打好，印出來分發給我們。但每當我們恢復討論某個題目時，至少有一個人會遺失了筆記，或者忘記將筆記帶來。我們都笑起來，也知道雖然我們記憶力減退，但仍然能夠應付，我們也需要明白，我們身為癡呆症患者，一起為了將來而提出倡議，正在一個新的領域努力。我們可以有漫長和理性的討論，然後小心地論證，同意某些決定，但卻會忘記人家談論過的事，甚至遺失了這些為將來而達成的共同意見的記錄。

保羅在場捕捉我們的思想，就著我們那些思想提醒我們，耐心地在我們遺失記錄時再次印給我們，確實是神的恩賜。我們同意稱我們的組織為國際癡呆症倡議及支持網絡，在名稱上加上「國際」這個詞，我們也主動承擔新董事會中的不同任務。再休息一段時間後，這個新董事會再次開會，研究莫里斯和我在之前幾個月草擬的建議書。

給國際阿爾茨海默氏病協會的建議

我們一直都以電郵通訊，為國際阿爾茨海默氏病協會製訂這份建議書，也對它們那年的年報給予回應。

在年報中，他們說，對患有阿爾茨海默氏病的人來說，「生命中所有平凡的快樂……已經變得不再可能」，「思想已經不存在，軀體只餘下一個空殼」。

我們用以下段落開始草擬國際癡呆症倡議及支持網絡的文件：

> 直到現時為止，世界各地的阿爾茨海默氏病協會的主流範式都是為照顧阿爾茨海默氏病患者的人提供支持，因此國際阿爾茨海默氏病協會的焦點便自然落在為患了引致癡呆症的疾病、處於中期或晚期的病人提供照顧，而且更著意支持末期阿爾茨海默氏病患者的家人和照顧者。
>
> 現在診斷出現得比較早，也有抗癡呆症的藥物，令患者可以有更長時間發揮功能，早期癡呆症患者自己也在本地阿爾茨海默氏病協會尋找資料、建議和支持。不過，目前的策略以照顧末期患者為目標，以照顧者為對象，他們在提供末期癡呆症患者所需的照顧方面，需要很多支持。

接著我們留意國際阿爾茨海默氏病協會草擬的新原則憲章，以及這些憲章和「思想已經不存在，軀體只餘下一個空殼」這句大膽的話怎樣形成對比。我們說這種思想剝奪了我們的尊重和尊嚴，因為這明顯沒有視我們為能夠發揮功用、有用的人。

那份文件接著講述愈來愈多癡呆症患者希望重建自己的生活，重拾自尊，也需要得到別人認可和接納，需要有機會和別人聯繫，作出貢獻。文件以以下建議作為結束：

> 國際阿爾茨海默氏病協會和它的成員組織應該同時讓癡呆症患者和照顧他們的人為它的活動範圍作出貢獻，包括政策、節目、會議和倡議行動，並讓他們參與管理和顧問架構。[15]

我們以小組形式討論這份文件。在蒙大拿的農舍裏，大家坐在各式各樣的椅子和墊子上。大家同意由我在接著的星期，將文件帶到國際阿爾茨海默氏病協會在倫敦的總部。保羅忙於將文件定稿，並電郵到國際阿爾茨海默氏病協會，安排我們在逗留倫敦探望我母親期間到那裏拜訪。

現在回顧起來，那是十分重要的時刻。我們採納了「在本地行動，從全球角度思考」這句口號。以在蒙大拿的會議為邁出一小步開始，我們對嘗試改變世界的這個前景感到興奮。

農舍「事件」

那天黃昏，我們一行六人到附近的市鎮吃晚飯，大家都筋疲力盡，但卻因為剛建立全球倡議行動而感到興奮。保羅是惟一沒有患癡呆症的人，但你在餐廳看著這羣混雜、看來很正常的人時，根本不會知道這事。我們研究餐牌，各自小心選了自己想吃的東西，然後我們點的菜開始送到。

女侍應問：「誰點了麵食？」但我們卻一臉茫然地

看著她。然後她問：「誰點了魚？」再次面對茫然的目光。接著也是這樣。保羅來替我們解圍。他將食物一一正確地分配給各人。謝天謝地，幸好有他在那裏！

幾分鐘後，當我生動地和琳談及我們那天的活動時，突然在句子中間卡住，正如我經常有的情況那樣，我努力要找出那個詞來表達我們剛在那裏開過會的地方。琳知道我嘗試説出「農舍」這個詞，正準備告訴我，但她也正在努力要保持我們應該要一點酒，所以需要要求侍應給我們酒類餐牌這個思想。

就在那一刻，正當這兩個思想都在她腦海裏翻動時，一位女侍應經過我們的桌子，於是琳向她示意，並頗為堅定和清晰地説：「你們有沒有農舍？」當然，她的意思是：「你們有沒有酒類餐牌？」但她説出來的卻不是這話，女侍應聽到的也不是這話。但女侍應鎮定自若，開始告訴琳她家裏的確有農舍，但現在他們已經搬到比較接近市鎮的地方，以便幫忙在餐廳的工作。

她走開後，我們都相視而笑。這就是可能在我們這些癡呆症患者中間發生的典型事件——意念在我們腦海裏纏在一起，交纏的線路出錯，結果我們説出了奇怪的話。終於，保羅向那女侍應示意，要求她給我們酒類餐牌。

我們不知道那女侍應覺得我們怎樣——我們不知道自己點了甚麼菜，問她有沒有農舍，但看起來又那麼正常。或許我們應該在自己身上貼上標貼，表明我們是癡呆症患者，這樣她便可能會明白我們。還是她仍然不會明白？或許那時她會預期我們不能説話，或甚至不能到餐廳？

到倫敦去

第二天，我們和新朋友，我在癡呆症旅程中的同伴道別，登上飛機，經多倫多到倫敦。

我們在繁忙和嘈吵的滑鐵盧站那些橋和通道下面找到我們要找的地方——國際阿爾茨海默氏病協會那個不起眼的前門。我們按門鈴，裏面的人開門給我們，我們走了幾級樓梯，去到辦公室。我們得到接待，被帶到一個細小的會議室。保羅和我坐在大桌子的一邊。另一邊則坐著國際阿爾茨海默氏病協會的主席、總幹事和一位職員。那是二〇〇一年六月二十九日。現在我面前放著保羅在那天的會議中記錄的幾頁筆記。

主席諾里．格雷厄姆 (Nori Graham) 醫生描述國際阿爾茨海默氏病協會怎樣在一九八四年成立，為會員提供資料，而每年的週年會議是它最主要的活動。這位主席講述協會的歷史和現時的活動時表現得有條不紊，而且頗為正規。

接著由我講解我們從蒙大拿寄去的文件。我感到自己好像被人仔細留意一樣。我真的協助草擬這文件嗎？真的有一個稱為國際癡呆症倡議及支持網絡的團體討論這文件，並呈交給國際阿爾茨海默氏病協會嗎？還是保羅才是真正的推動者，在幕後操縱一切的人？是否有人在說腹語，我只是一個傀儡？

我首先介紹國際癡呆症倡議及支持網絡，然後講述我們預備了的建議書，以及我們建議國際阿爾茨海默氏病協會將所有癡呆症患者包括在內，並應該同時為癡呆症患者及照顧他們的人提供支持。我們也建議國際阿爾茨海默氏病協會和成員機構讓癡呆症患者和照顧他們的人對協會的所有活動都作出貢獻，包括政策、節目、會議和倡議，並讓他們參與管理和顧問架構。結束時，我說：

> 我們這些癡呆症患者很欣賞國際阿爾茨海默氏病協會及它的成員機構對照顧我們的人提供的巨大支持，並希望這支持能夠繼續下去。身為照顧旅程中的同伴，我們尋求和照顧者一起得到認可和包括。
>
> 我們這些癡呆症患者公開發言，或許藉著新科技，能夠更早診斷出這病，因為新的抗癡呆症藥物面世而有更有生氣的新生活。這一切都是新的領域。我們正在用我們僅餘的能力，將界限拓展，在仍然有能力時享受生命。多謝你們給我這個機會代表癡呆症倡議及支持網絡對你們說話。我很有興趣聽聽你們對我們的建議有甚麼回應。

我講完話後，大家沉默了一會，然後人們開始笑起來。諾里走過來說：「那是一件麥吉 (Maggie) 嗎？」她指我那件彩色、由設計師設計的澳洲外套。現在我們很非正式地閒談。我很快便發覺，這是國際癡呆症倡議及支持網絡一個相當受歡迎的取向，對我們這些希望得到聆聽，尋求被包括在內的癡呆症患者，國際阿爾茨海默氏病協會很樂意聆聽我們的話。

幾天之後，國際癡呆症倡議及支持網絡的新任主席菲爾·哈爾德 (Phil Hardt) 收到一封國際阿爾茨海默氏病協會總幹事寄來的信，感謝我們提交的建議書，並表示他們會在二○○一年十月在克賴斯特徹奇舉行國際會議前發給所有成員傳閱。他們的計劃是成立一個工作小組，預備在二○○二年十月在巴塞羅那(Barcelona)舉行週年會議時提出一個供大會考慮的回應。

菲爾給他們的回覆是：

> 你們計劃在這樣合適的時機介紹我們給國際阿爾茨海默氏病協會的建議，是我們十分讚許的。你們給國際阿爾茨海默氏病協會所有成員的話——將癡呆症患者納入有意義的崗位——這令人鼓舞的話，也是國際癡呆症倡議及支持網絡十分熱烈支持的。這樣納入癡呆症患者，會令國際阿爾茨海默氏病協會成為未來的榜樣和基準！[16]

國際癡呆症倡議及支持網絡帶來了改變！我們的聚會，我們身為癡呆症患者，一起同心合意地工作，產生了影響，我們每個人都感到鼓舞。我們幾乎可以聽到我們「從全球角度思考」的合作帶來的影響。日本著名的僧人作家白隱(Hakuin)說：「如果有人用一隻手拍掌，便會發出聲音。聽聽單手發出的聲音！」[17]現在我明白他說這話時是甚麼意思。

從秋色中的坎培拉這麼微小的開始，到癡呆症患者在蒙大拿聚會，願意從全球角度思考，發展到這向前邁出的一大步，癡呆症患者有新的盼望，可以得到支持和認可。而這一切都在短短三個月內發生！

克賴斯特徹奇——一個閃閃發亮的機會！

從那一刻起，癡呆症的自我倡議便「全速前進」。我們在七月底回到澳洲，回到寒冷的坎培拉。那時已經有人邀請我在十月到新西蘭克賴斯特徹奇一個國際阿爾茨海默氏病協會的會議擔任全體開幕聚會的講員。

一位來自新西蘭、了不起的女士維娜・斯科菲爾德（Verna Schofield）和我聯絡。她是國際阿爾茨海默氏病協會董事會的成員，是真正為癡呆症患者奮鬥的人。她幫助我們確保在克賴斯特徹奇的會議有為我們而設的時段和一間安靜的房間；也確保我們參與所有環節，以及人們會聽到我們的聲音。

有幾位北美洲的朋友因為在二〇〇一年九月十一日後，面對改變了的世界，而決定不參加這個會議。但另外幾位勇敢的朋友卻專程來到，當中包括我們在蒙大拿結識的莫里斯、琳、簡和她的丈夫。能夠再次見到他們實在太好了，我們可以歡慶在蒙大拿以來的成就。

國際癡呆症倡議及支持網絡的攤位

簡・菲利普斯預備了一個很好的攤位介紹國際癡呆症倡議及支持網絡是甚麼，以及我們代表甚麼。那個攤位十分有吸引力，因為雖然有很多參加會議的人一直都積極參與阿爾茨海默氏病運動，但卻從未和癡呆症患者談過話。國際癡呆症倡議及支持網絡的徽號在攤位中相當突出。那個徽號是一隻有翅膀的海龜，口裏含著一朵「毋忘我」。行動遲緩的海龜象徵我們癡呆症患者的旅程，那雙翅膀表達我們渴望在這場戰爭中高升，那朵花則提醒別人記得我們。馬拉維（Malawi）

的恩雅哈族(Nyanja)有一句了不起的話，很好地表達了我們的感受，作為曾經能夠飛的海龜，它說：「烏龜一步一步地走到印度洋。」[18]

簡預備了一籃子書簽，附有色彩繽紛的絲帶，以及關於國際癡呆症倡議及支持網絡的小冊子。她花了幾個月用打印機印出這些東西，以及買材料，黏貼和摺疊。大會供應耳塞給我們使用和分發，以應付會議期間的噪音，更播放了錄影帶，顯示我們在蒙大拿時個別地接受訪問。

結果十分引人注目，簡創造了一件傑作。克賴斯特徹奇的確是一個讓我們發亮的機會，將我們身為癡呆症患者的自我倡議推到世界面前，啟動了一個重大的改變！

挑戰成見

我們走進歡迎講員和其他國際阿爾茨海默氏病協會著名人物的會場時，我顫抖起來——不單因為克賴斯特徹奇的寒冷，也因為我感到很緊張。這個歡迎會在我演講前一晚舉行，那時我仍然隱姓埋名，是一個「祕密的」癡呆症患者。

我正在喝酒和咬一塊餅乾時，一位相當高的男士和他太太走來向我們自我介紹。他問我怎樣開始投身阿爾茨海默氏病運動——在這樣的聚會，這實在是一個很常見的問題。但我們的回答卻遠遠不是他預期的。我說：「我患有癡呆症，所以對這問題感興趣，並投身其中。」他一時說不出話來，隨後表示他以前從未遇過癡呆症患者。在這令人不自在的一刻過去後，我們閒談起來，很快便克服了我以癡呆症患者的身分「站出來」帶來的尷尬，以及由人們對我會是怎樣的「正常」期望所帶來的挑戰。現在當我需要告訴別人我患了癡呆症，並應付對方的反應時，我已經習慣了這種「介紹的時刻」。

第二天上午，我在克賴斯特徹奇的會議中心向全體與會者致開幕辭。我是第一個在國際阿爾茨海默氏病協會的週年會議中這樣做的癡呆症患者。我的題目是「診斷、藥物和決心」。那是關於我得到診斷的過程，以及抗癡呆症藥物和積極的態度對維持功能的重要性。我預備了新的簡報，用了鮮艷的粉紅色和紫色，每張投影片都加上從電腦插圖中選出的引人注目的圖畫。我也將自己最新的腦部掃描加入其中一張投影片中，藉以「證明」我身為癡呆症患者是可信的。

那是一個很大的禮堂，有超過一千人出席。人們起立熱烈鼓掌，令我感到敬畏。不過，最大的快樂是能夠在會後和我的癡呆症朋友聚集，感到不單只有自己才能夠說話，能夠表現自己不是末期癡呆症患者。我真的需要他們的支持。我演講完後，有人聽到一個醫生挑戰我展示的掃描，表示那不可能是我的，否則我已經不能說話。他是否認為我假稱自己患有癡呆症？他是否認為我將自己的名字放在別人的掃描上？我再次不符合人們對末期患者的成見，並再次面對人們認為我不可靠。

但在克賴斯特徹奇這裏，還有其他人可以表達自己的感受和挑戰人們的成見。簡預備了一個了不起的攤位，莫里斯預備了一個富啟發性的工作坊(那裏只容許人們站立)，而琳則以國際癡呆症倡議及支持網絡的主席這個身分接受傳媒訪問。

這次我並不孤單！

相聚

十多位患了癡呆症，年齡介乎五十一至七十六歲的男女，在我和莫里斯預備的特別討論時段見面，實在好得無比。我們患有不同的病(阿爾茨海默氏病、血管性癡呆症、額顳癡呆症和額葉癡呆症〔frontal lobe dementia〕)。有人早於一九九〇年已經被診斷出患病，有人則剛在前一年(2000年)才得到確診。我們來自新西蘭、澳洲、加拿大和美國。我們可以分享自己的感受實在太好了。

我們談及我們的情緒——有時高漲，有時害怕——怎樣似乎失控，就好像在情緒化和不可預測的「起起伏伏」中一樣，令人尷尬。

我們圍坐在一起時，發覺大家都感到，靈性層面是重要的，無論那是宗教儀式、花園、音樂或任何令我們感到有意義的東西。這實在令人鼓舞。我們興致勃勃地談及動物，因為牠們需要你，又無條件地愛你，即使你記不起牠們的名字！

來自新西蘭的布賴恩．麥克諾頓(Brian McNaughton)在會議後寄了一封信給國際癡呆症倡議及支持網絡，很好地捕捉我們的小組時段那獨特的性質。他說：

> 我們講述自己的故事，分享自己害怕病情繼續惡化，自己最終會失去思考能力時，大家一起哭

泣；我們因為多士烘焦了，晚餐煮得半熟，忘記了約會，以及很多只有我們癡呆症患者才會有的情況而大笑。

我們從彼此中得到的愛和支持，產生了一種給我們頭腦和心靈力量的熱情。這個聚會是相當有益和令人鼓舞的經驗。我們分享歡笑和眼淚，對生命和死亡的深刻討論。透過這一切，我們從彼此一起中得到力量。經驗到信心和人性的深刻，以及同路人巨大的愛和支持，令我大大地謙卑下來。[19]

交棒

對國際癡呆症倡議及支持網絡來說，二〇〇一年在克賴斯特徹奇舉行的國際阿爾茨海默氏病協會會議，很好地肯定了那年較早時在蒙大拿採取的臨時步驟，將本地行為轉化為全球性結果。收到組織那次國際阿爾茨海默氏病協會會議的人來信，實在令人十分鼓舞：

你們創造了一個世界，首次讓癡呆症患者參加國際阿爾茨海默氏病協會的會議，而你們這樣做時，為那會議增添獨特的光彩。你們開創了先河，鼓勵了很多人跟從。你們的榜樣有很大成就。

你們那麼開放地和其他參加會議的人以及傳媒談話，加上國際癡呆症倡議及支持網絡的攤位，都提高了這個國家對癡呆症的關注。公眾對早期癡呆症的影響，以及患者應付日常生活的能力的錯誤觀念都開始改變。這實在是一份珍貴的禮物。[20]

國際癡呆症倡議及支持網絡真的給了國際阿爾茨海默氏病協會和全球的癡呆症運動一份「禮物」，但在很多方面，對我們這些癡呆症患者來說，我們交出的是一枝接力棒，而不是一份禮物。那只是開始，只是踏出了最初的幾步。

我們感到自己是接力賽跑中負責第一棒的選手。我們知道自己只能夠跑第一段路，因為我們的病情都會惡化，我們的能力會一點一點地喪失。因此，有一天我們會不再有力量嘗試改變人們的態度。

因此，我們跑第一段路，然後將接力棒交給國際阿爾茨海默氏病協會。從那裏開始，則由國際阿爾茨海默氏病協會完成賽跑。

巴塞羅那及其他地方

克賴斯特徹奇的會議後不久，成立了另一個國際阿爾茨海默氏病協會的工作小組，其中包括三位國際癡呆症倡議及支持網絡的成員，以及一位來自英國的癡呆症患者彼得．阿什利（Peter Ashley）。之前的國際阿爾茨海默氏病協會工作小組（籌備那次會議）一直在找方法將癡呆症患者包括在國際阿爾茨海默氏病協會的事務中，但這個工作小組會專注於任務，修訂國際阿爾茨海默氏病協會的照顧原則約章，並為各阿爾茨海默氏病協會及國際阿爾茨海默氏病協會的內聯網網頁編製有用的資料。

國際癡呆症倡議及支持網絡期待二〇〇二年十月在巴塞羅那舉行的下一次會議。菲爾再次寫信給國際阿爾茨海默氏病協會，建議他們邀請一位癡呆症患者在會議第一天向全體與會者發表開幕辭，為癡呆症患者預備一間安靜的房間舉行特別聚會，以及讓國際癡呆症倡議及支持網絡有一個攤位。

琳和我在巴塞羅那再次見面，但簡和莫里斯都不能參加，我們其他澳洲和新西蘭朋友也不能出席，所以我們的小組人數少了很多。但吉妮可以從夏威夷趕來。在蒙大拿第一次見到她後，能夠在一年後和她再見面實在太好了。

我們將載著攤位的物品的盒子打開，取出吉妮為國際癡呆症倡議及支持網絡預備的棉毛衫和帽子，也卸下我們在澳洲印製的小冊子。當我們正忙於安排和整理這些東西時，一位英國男士上前自我介紹。他是彼得·阿什利。我們在國際阿爾茨海默氏病協會的工作小組中曾經在互聯網上「見過面」。他會在第二日向全體與會者致辭。

我們在巴塞羅那，坐在台下，看著彼得演講，實在感到很興奮。他講完後，主持人深受感動，我們都起立鼓掌。我們一小羣來自澳洲、加拿大和美國的癡呆症患者，默默坐在觀眾席中，放聲為我們的同伴喝彩，因為有來自英國的朋友和我們一起努力而感到鼓舞。

到了二〇〇三年初，國際癡呆症倡議及支持網絡的一些成員已經有點乏力、疲倦，不再那麼專注或堅定，不像以前那樣積極地自我倡議。或許我們也因為巴塞羅那的會議只能夠支持幾個人參加而感到有點失望。而且我們各人在癡呆症的旅程中都走遠了一點。

但我們已經將接力棒交給國際阿爾茨海默氏病協會，而維娜·斯科菲爾德已經開始全速前進。有時我跟不上，因為無可避免的衝突而感到沮喪和氣餒。但她很能夠鼓勵別人。她寫信給我說：「你知道嗎？你不斷給我啟發。每當我開始感到乏力，我便想到你在過去幾年的成就，以及自從上次澳洲的阿爾茨海默氏病會議後，在促進幫助癡呆症患者的事業上那些真正了不起的改變。」[21]

> 你談及……交接力棒。這個比喻令我想起你在過去幾年的倡議工作就好像一根棒沿著急流沖下去，而你和國際癡呆症倡議及支持網絡的成員就是急流的動力。其他人的任務是協助令那根棒繼續沖下去，直至它到達更平靜、更接受它的水域。[22]

每當我因為短期的困難而感到想放棄時，她所寫的文字都幫助我看見那幅大圖畫。我知道自己在急流上漂浮，由世界各地那些患有癡呆症的支持者承托著。看見那麼多事情那麼快地發生，實在十分刺激！

但到了二○○三年中，我們都感到筋疲力盡。整整兩年，我們都努力在這河流上漂浮，但我們因為別人——那些踏上癡呆症這個毀滅性旅程，然後又感到被社會和為了協助癡呆症患者家人而成立的團體排擠的人——能夠得益而感到欣慰。或許從現在開始，帶著癡呆症生活的人會找到自己需要的幫助。

我們這些在蒙大拿的農舍見過面的人，經過了漫長的兩年，和我們的損失和衰退搏鬥。但我們當中，仍然有幾個人繼續活躍於網絡空間，看見我們勞苦的成果——看到在本地行動以及從全球角度思考可以怎樣真的帶來改變。

我們也因為國際運動進行的速度而驚訝。接力賽最後一棒取得動力，而我並不知道，人們期望我繼續參加這場賽跑，繼續拿著接力棒。到了二〇〇三年在聖多明各(San Domingo)舉行的下一個國際阿爾茨海默氏病協會會議中，這事情便變得相當明顯，這個會議帶來很大的驚奇！

不管接著發生甚麼事！

保羅和我坐在後排，看著國際阿爾茨海默氏病協會理事按著議程進行討論。至少有五十個國家的代表圍著會議桌。看到全球癡呆症運動正在進行，平等和支持地致力改善癡呆症患者家庭的生活，實在令人心生敬畏。而來自蘇格蘭、加拿大、波多黎各和澳洲的癡呆症患者也和他們一起開會。

多米尼加共和國(Dominican Republic)天氣又熱又濕，我們步行了半小時才到達舉行會議的酒店。我們在城市的另一邊，和南美洲、印度和巴基斯坦代表一起，在比較樸素的地方居住。我因為走路而流了點汗，而且因為在城市中摸索我們的路而感到有點混亂，最後才找到舉行會議的房間。

我在不熟悉的街道上走時有困難，保羅握著我的手，令我不會跌倒，可以穩定下來。我發覺那交通、那些景色和聲音都是挑戰，也干擾我的思想。我們到達會場時，我感到慌張和焦慮，很難投入會議。所以我坐立不安，在涼快的空調房間裏，環顧四周那些來自各成員國的代表。

我勉強同意被提名，可能成為國際阿爾茨海默氏病協會委員會的一個委員，因為國際阿爾茨海默氏病協會決定讓委員會加入最多兩名癡呆症患者。這是工作小組的建議的一大成就，但我希望其他人能夠把握這個機會，讓我有更多時間休息和陪伴家人。我在這場為癡呆症患者倡議的賽跑中感到疲倦和「耗盡」。

所以我對那提名的感受相當複雜。我不熟悉那些程序，也不知道將會有甚麼事情發生，只知道那天稍後會有投票，所以我放鬆自己，等候事情的發展。國際阿爾茨海默氏病協會的副主席奧林安．里德．尼克斯（Orien Reid Nix）站起來報告管理層商議的結果。在她生動和目光遠大的報告中，我們得知有「刻不容緩」這個在世界阿爾茨海默氏病日開展的新運動。她鼓勵所有成員集合各人的力量，提高人們對癡呆症對全球帶來甚麼影響的意識。她也數度提到國際癡呆症倡議及支持網絡是一個可貴的網絡，由全球各地的癡呆症患者組成，可以就國際阿爾茨海默氏病協會的活動提出建議，無論是透過本地還是國際層面，以及直接透過委員會。

奧林安演講完後，我開始知道，除了其他人外，也有癡呆症患者獲提名填補委員會那兩個空缺。如果我是其中一個當選人，我便會和其他人一樣，在為期三年內有同等的責任和問責。對患有不斷惡化的疾病的人來說，這是令人懼怕的思想！在我還未從這察覺恢復過來，也似乎在那五個獲提名的人的票數還未數完時，我已經獲選加入國際阿爾茨海默氏病協會董事會，為期三年！

我心情十分緊張，站起來說：「能夠獲選，我感到不足和榮幸，我會盡最大努力，代表世界各地一千八百萬名患有各種引致癡呆症的疾病、和家人一起掙扎的病人。」

我現在仍然和那天一樣，因為有幸接受這個任務而感到懾服。讓我提醒你，想到要繼續工作和努力令我感到那麼震懾的部分原因是，我在聖多明各的會議中感到筋疲力盡。你知道，那是環遊世界旅程的一部分。我在不同會議和研討會中發言，嘗試改進對癡呆症患者的照顧。

八十日環遊世界

那真的好像那套舊電影那樣，在八十日內環遊世界！但我們不是乘坐熱氣球，而是根據特別的機票安排，乘坐不同航空公司的航機。保羅安排了一趟包括印度、以色列、法國、倫敦、南非、巴西、聖多明各、台灣和日本的旅程。那旅程只花了七十多天，但我感到自己好像永遠離開了自己的家一樣！

一切由二○○二年在巴塞羅那開始。那時好些國際阿爾茨海默氏病協會成員國的代表，都表示有興趣邀請我在二○○三年從局內人角度發表關於癡呆症的演講。時間安排會配合我到聖多明各參加第十九屆國際阿爾茨海默氏病協會會議。

值得感恩的是，在保羅出售他的電單車，藉以支付這筆龐大的旅費前，我們收到兩間藥廠的慷慨支持。這兩間藥廠銷售安理申（Aricept）這種抗癡呆症藥，令我能夠保持狀態，繼續我的倡議活動。

我們旅程的第一站是印度的科欽（Cochin），我們愉快地探訪了日間照顧中心。那裏有一個阿爾茨海默氏病患者，以前是高級政府官員。他定期收到檔案，讓他提出投訴；那些投訴都得到處理，然後以檔案形式歸還給他。他雖然患了癡呆症，但仍然是「老闆」！那位前任站長在和他工作間很相似的房間，一張細小的桌子旁喝下午茶，所以他也感到很舒適。這種以人為中心的照顧令我留下深刻的印象。

我的演講在當地奧南（Onam）這個主要假期那天發表，但在那個炎熱的下午，仍然有很多人出席，包括一大羣支持本地阿爾茨海默氏病協會的顧問。聽眾中有很多修女，她們仔細地穿著淺藍色和白色的修女袍，嚴肅和安靜地坐著，非常留心我的講話。結束時，主席站起來，給予很富感情的回應，沒有用筆記，單憑超凡的記憶引述吉卜林（Rudyard Kipling）的詩《如果》（'If'）。他講完後，好些人都流下眼淚，包括我在內！

下一站是印度的果阿（Goa），當地阿爾茨海默氏病協會那非常能幹的隊伍歡迎我們。他們安排了傳媒在我當晚發表短講的會場參與晚餐，結果報紙在頭版報導那活動，還附上一幅漫畫！我感到驚訝，不能想像癡呆症或者我自己可以怎樣用漫畫作特寫。

第二天，人們載我們到我發表主要演講的會場，我在保羅幫助下，不大平穩地走了幾級樓梯。在一間房間裏，工作人員安放好一部電腦給我使用簡報圖形軟件 。人們進來坐下。有人介紹我給兩個癡呆症患者和他們的家人認識。我再次因為他們得到照顧，被包括在與會者中，而留下深刻的印象。

這個旅程的下一站是法國。我應邀在一個慈善基金會中演講，並和法國衞生部官員會面，推動對癡呆症的關注，以及對這病需要更好照顧的關注。我發覺圍繞癡呆症的恥辱是一個重要的問題，特別是和法語'*demence*'(編按：原書為*demense*，但查無此字。*demence*包括癡呆症及精神病的意思。)這個詞有關的恥辱。其中一個例子似乎是一位來自國際癡呆症倡議及支持網絡的癡呆症患者得到邀請出席聚會，費用全免，但他的家人卻不願意讓他參加。

我用很糟的法語結結巴巴地作簡短的介紹，提到二○○三年那個炎熱的夏天的熱浪，以及它引致的死亡。我提出一些問題：死者中有多少人可能患了癡呆症，但沒有被診斷出來？他們當中有多少人可能忘記了喝足夠的水？

保羅和衞生部官員談及在很多方面，澳洲和法國都好像其他經濟合作暨發展組織(Organisation for Economic Co-operation and Development, OECD)的國家，人口老化，好像一個計時炸彈，將來會有大規模癡呆症爆發。隨著「嬰兒潮」一代變老，引致癡呆症的疾病會變得更普遍，他們會大大影響資源不足的健康護理系統。

接著我們經由隧道乘火車到倫敦，似乎很快便到了滑鐵盧站。國際阿爾茨海默氏病協會的總部就在附近。我們拖著行李經過隧道，走過街道，回到樓上那個細小的會議室，兩年前我們曾經在那裏和國際阿爾茨海默氏病協會的人見面。我們在那裏喝茶和閒談，然後乘坐倫敦地鐵，和我母親休息幾天。

我真的需要「為自己的電池重新充電」，休息和恢復體力，以應付下一部分的旅程。我們要去以色列，我感到害怕、焦慮和恐懼。政府發出了旅遊警告，有人勸我們將所有非必要的旅程延期。但保羅覺得將照顧癡呆症的信息帶給以色列的朋友是十分重要的。

我在特拉維夫(Tel Aviv)的會議演講，參加的人數比預期多了幾乎一倍。聽眾都很健談和活躍，人們進進出出，在交談和移動，手提電話在響，門也在開關。我感到很騷擾，女主席要求人們將門關上，也要求眾人安靜下來，讓我可以繼續。我總算完成自己的演講，我後面屏幕的投影內容被翻譯為希伯來語。我到外面休息，因為在視覺和聽覺都受到騷擾的情況下需要嘗試專注而感到疲倦。

對我來說，會議其中一個最精彩的地方，是在休息時在陽光普照的庭院，與剛介紹完給阿爾茨海默氏病患者的服務犬的人談話。這些狗隻在你迷路，或照顧你的人認為你應該回家時，會帶你回家。牠們也能夠辨認出你有痛苦的徵狀，啟動警鐘。我認為這是一個很好的意念，因為寵物伴侶是很寬大的照顧者，牠們不介意你善忘，或者迷路，或者甚至不記得牠們的名字！

我們乘坐巴士由特拉維夫返回耶路撒冷時，一位從美國移民到以色列的年輕女士和我們交談。在巴士站下車前，她問我那個星期稍後，會不會有時間在她工作的癡呆症患者照顧中心作相同的演講。那裏的職員一直都在找尋講員在靈性方面給他們鼓勵，因為以色列的情況令他們感到沮喪和十分鬱悶。我答應了，但想到要進行另一次演講，便感到筋疲力盡。

幾天後，有人駕車載我們穿過耶路撒冷那些如畫的街道，有石砌的建築物和光禿禿的小山。我們來到剛剛在「分界線」外的一個地方。我們到達中心後，我被帶到一間安靜的房間，那裏令人感到柔和及平靜。外面有一個香草園，可以嗅到香草和欣賞鮮花。這寧靜的時刻讓我可以休息，積蓄能量預備演講。

在演講中，我提到「與癡呆症共舞」。我用這個短語來描述保羅和我怎樣成為照顧的伙伴，在我進入有不同需要的領域時，配合我所需要的不同照顧。我引述聖經的詩篇三十篇：「你已將我的悲哀變為跳舞，將我的麻衣脱去」，那些婦女都將手伸入長裙，取出她們破舊的詩篇集。

我談及我的信仰在克服癡呆症的考驗時扮演的角色時，我們分享這首詩篇及其他詩篇。那位邀請我的女士感到很高興，她説那正是他們需要的。我感到很榮幸，因為身為基督徒，我可以為我的猶太弟兄姊妹帶來屬靈的安慰。

我們從以色列去南非，很榮幸獲介紹認識一位曾經積極參與起義的男士。他帶我們參觀這個新國家的發源地索韋托（Soweto）的主要景點。接著我們乘幾小時車到南部的布隆方丹（Bloemfontein）。我在那裏的國際會議發言，也能夠説幾句南非荷蘭語。因為我母親來自比利時，所以我會說一點佛蘭芒語，對書面南非荷蘭語也有點認識。我們那位可愛的女主持幫助我找到一首因格蒂·瓊克(Ingrid Jonker)的詩，是曼德拉(Nelson Mandela)在國情咨文中引用過的。[23]我選了適合的部分，是關於一個小孩，參加了所有會議，望向窗外，看透母親的心，並長成一個男人，但卻沒有通行證。我以這節錄開始我的演講——當然有很重的佛蘭芒語口音！

我要求聽眾將這孩子、這男人想像為癡呆症患者，別人往往忘記了他是人，他在我們關於癡呆症的會議中望向窗外，往往被排擠。我談到我們怎樣是人類這塊豐富的織錦的一部分。我說：「真的，我們說'ubuntu'(譯按：意即同情)時，必須將所有癡呆症患者包括在內——我們在偉大的人類中是一起的……好像曼德拉，我們這些癡呆症患者可以將個人的悲劇轉化為勝利。我們毋須再成為忘記了怎樣記憶的人，並且被遺忘。」

我坐下時，最初那位女主持實在太感動，不能說話。她恢復鎮靜時，緊緊地擁抱我。在這個會議中，一位非洲的精神病學家給我特別深刻的印象，他的演講充滿熱情和遠象。那挑戰似乎是要得到非洲人口中關於癡呆症的資料。

那是一個「短暫停留」的旅程。我們從南非飛到巴西。在那裏我們會首次和另一位國際癡呆症倡議及支持網絡的朋友見面，她支持癡呆症患者，開辦了一間日間照顧中心，並每月舉辦癡呆症照顧者的支持小組。我們告訴她我們的機票安排讓我們可以到巴西時，她感到很興奮！她在貝洛奧里藏特(Belo Horizonte)安排了一個醫學座談會，那天有很多了不起的演講。她將我的講詞一頁一頁地翻譯。所有參加者都似乎對這即時安排的活動的結果感到高興。

對保羅來說，這次旅程尤其特別，因為他曾經在巴西居住過兩年。他很想帶我去里奧(Rio)和貝洛(Belo)。所以我們在演講之間進行了簡短的觀光。很快我們便再次乘坐飛機。這次是經過廣大的南美洲大陸，看到那偌大的亞馬遜(Amazon)在下面蜿蜒，令我感到興奮。

我們在晚上到達溫暖的聖多明各，我對我們可以怎樣到那酒店感到很擔心，因為這是我們第一次沒有得到安排，獲癡呆症運動的朋友迎接。但我們去到那條必經的檢查護照行列時，有廣播說出我的名字，贊助我們的藥廠的一位職員已經預備好帶我們到酒店！

聖多明各的國際阿爾茨海默氏病協會會議標誌著，那令我筋疲力盡的賽跑在這次及以前的所有旅程後結束。那接力棒已經到了終點，現在癡呆症患者已經可以發出聲音，讓人們聽見，從而令癡呆症患者在全球癡呆症運動中被包括在內，並得到支持。從二〇〇〇年那個「應付個人失去記憶」的電郵小組，以國際癡呆症倡議及支持網絡那個微不足道的開始以來發生了的一切，以及好像國際阿爾茨海默氏病協會這樣的國際組織回應我們的倡議的速度，都令我感到驚訝。

但對我來說，我自己還有一點兒賽跑需要完成。我們在聖多明各後的下一站是台灣。我們到達時有一個令人難忘的橙色日落。那公司又有一位職員迎接我們。她和我們的東道主作出了很好的安排。我們被帶到一間高級酒店的一間套房，那是我們環遊世界的急促旅程中一個讓我們休息和給我們寧靜的庇護所。我很珍惜這段特別的時間，感到安舒和自在。

我發表了兩次演講。一次是向一大羣照顧癡呆症患者的人。另一次是在一個細小的會議室向一些專業醫療人員講話。那三天十分忙碌，我們也吃了一些美味的中國菜。但關於我得到的診斷的這個問題再次被提出。對這情況，我仍然感到很難理解。為甚麼我要說謊？為甚麼我會沒有一再複檢這診斷？

我們由台灣飛到日本。飛機在跑道滑行時，我看到停機坪外有一隊攝影隊。我說：「保羅，我肯定那隊攝影隊在拍攝我們降落，我們從行列中走出來時，他們會在那裏。」他不相信，說他們肯定在拍攝其他東西。但當下客區的門打開時，攝影隊就在那裏，和我們在那年較早時認識的好朋友一起。

你知嗎？我在克賴斯特徹奇國際癡呆症倡議及支持網絡的攤位認識了石橋紀子，她錄影了我的演講，也買了我的書，雖然她完全不懂英語。她的朋友將那些材料翻譯了後，她感到很興奮，開始和我接觸。紀子致力為癡呆症患者改變照顧他們的環境，一直都很令人鼓舞和精力充沛。

在那年較早時，她帶了一羣朋友來探我們。那是十分特別的時刻，記載在我的書日語版的附錄中。那本書在我們降落在日本時剛剛出版。紀子和我跨越文化及語言，能夠在靈性的深刻層面真正地溝通，分享大家對怎樣最好地改進照顧癡呆症患者的環境有甚麼想法。也是紀子促成我們到日本訪問十天。

我們登上子彈火車，在城市上，並圍繞海灣平穩地飛馳，向我們居住的酒店，也是我第一個演講的場地進發。我們到達日本的第一刻，便有一位服務員照顧我們，每個場地都有非常寧靜的房間，每間酒店都很好。我感到很特別、得到重視、得到照顧，可以真正放鬆和休息。事實上，我在日本期間，是我所有旅程中，最平靜和享受的其中一次。我在那裏見到一些很好的新朋友和老朋友，他們都十分照顧我！

他們那迷人的慷慨和對細節的注意，都令我深受感動，也感到他們熱情地歡迎我，對癡呆症患者充滿愛心。人們供應了漂亮的鮮花，送上有心思的禮物，向我鼓掌和微笑，每次演講都安靜地聆聽，並提出誠懇的問題。能夠有這個分享的機會，我感到很光榮和榮幸。

我很清楚記得，我在岡山 (Okayama) 演講後吃晚飯時，一位很了不起、獻身於照顧癡呆症患者的年輕人對我說：「我以前以為癡呆症患者距離我很遠。但現在聽過你的演講後，我感到他們和我很接近，我可以和他們接觸。」這是充滿洞見的思想，這位年青人給我很深的印象，他年青得可以作我的兒子，卻能夠表達那信息的核心，關心癡呆症患者的關鍵。

那次旅程的高潮在松江 (Matsue)。演講後，我獲贈一件結婚用的和服！我穿上那件和服，和保羅手牽手站在講台上。他外衣上戴著一束很漂亮的裝飾花朵，是人們送給他的。我們微笑著站在觀眾面前接受他們鼓掌。那好像再次舉行婚禮一樣！那個旅程的高潮是，那天晚上住在松江一間日式旅館，下面是一個湖。我在工作時曾經住過一間這樣的旅館，但現在我可以和保羅分享這十分特別的時刻。

接著我們去京都(Kyoto)，那是二〇〇四年國際阿爾茨海默氏病協會會議的會場。我們看到那美麗的會議室，它座落城市的高處，那裏有廟宇和城堡，小巷和圓石。我們在京都一間廟宇接受日本放送協會電視台訪問，實在是榮幸。我們在花園平靜的秋色中行走，想到每一片葉和每一棵樹中都蘊含自然的奧祕時，有一份神祕感和歷史感。

一位僧人和我們一起喝日本茶，他和我們談到大自然的重要，以及花蕾怎樣代表生命的全部潛力，簡單但經細心安排的花園怎樣反映神聖。我分享身為癡呆症患者，我怎樣活在「當下」自然環境的美麗中，專注於每朵花和每片葉的美。我談到身為基督徒，我怎樣專注於自己生命中神美麗的創造每一天、每一刻的樂趣。那是很特別的時刻，一個癡呆症患者和一位智者跨越信仰和文化，彼此分享。我們以靈相通，能夠交換深刻的意義。

在附近的日本阿爾茨海默氏病協會總部，我們走進會議室時，一大羣人聚集在會議室的大桌子周圍，那位親愛的服務員就在我們附近。她能夠幫助我分享身為癡呆症患者的真實感受，以及剩下的是裏面的靈性核心。我們感到十分榮幸，能夠聽到那個協會的主席和總幹事講話。他們是推動在京都舉行的國際阿爾茨海默氏病協會會議的主力。而他們明顯在組織那次會議上有很出色的表現。

知道那位總幹事於二〇〇一年，在克賴斯特徹奇和很多國際癡呆症倡議及支持網絡成員吃過晚飯，實在相當特別。自從那時開始，發生了那麼多事情，而他和他在癡呆症運動中的同事都在這些改變中扮演了重要的角色。

我們終於回到家裏後，我們聽到日本放送協會電視台製作了兩個關於我們那次旅程的電視節目，我們從錄影帶觀看那兩個節目時，我記起這特別時刻的事，我們那些親愛的朋友，以及日本的美。某程度上，我可以重新感受我在這旅程中感到的平靜，我在那裏得到很好的照顧，能夠真正感受到真正的有意義、跨越文化和語言的親密和友誼。

我真的需要重新發現我在日本期間發現的平靜感覺。我感受到的寧靜好像是在自己經驗到的壓力和焦慮中，有一個在情感上寧靜的小島。我們不單剛剛從兩個半月到訪多個國家的旅程回來，也回到我們的新居！

我不建議你搬家……

是的，我們不理會醫生的建議，搬了家，而且是在兩年內，搬了兩次家。我感到很緊張、焦慮和壓迫。現在我明白為甚麼那建議是明智的。我需要常規。我需要知道自己在哪裏，自己的東西放在哪裏那份確定，即使我不容易找到那些東西。

我們第一次搬家可能是出於我的衝動，因為我已經失去更多腦裏的自制。我只是受夠了坎培拉的寒冷，以及演講和傳媒的壓力。那是在二○○一年，我從本地走向全球行動的狂亂一年。在到蒙大拿的途中，我們在隆冬到布里斯班（Brisbane）北部的布賴比島（Bribie

Island）探望我表妹。那個島既溫暖，又陽光普照。太陽照射在蒲密士斯東通道（Pumicestone passage）平靜的水面上。那裏恍如天堂！

我們在去克賴斯特徹奇途中再次到訪，那時我已經決定要搬家。我堅持、嘮叨、爭論，找方法脫離那壓力。我認為搬家可以讓我逃避那壓力。不過，我也有要求教會的牧者尼爾（Neil）和我的屬靈導師麗齊．麥金利來和我們為這決定一起禱告。他們都在二○○一年繁忙的聖誕節前夕抽時間和我坐在廚房，將我的瘋狂意念交給神。只不過幾星期後，另一位牧者朋友比爾（Bill）到訪。一天，他從樓梯走下來說：「我有一節聖經經文送給你。那裏說：『你們繞行這山的日子夠了，要轉向北去。』」當然，坎培拉在高山附近，而布賴比島則在北方遠處。

在二○○三年三月搬去布賴比島確實是違反自覺。那實在顯得很快、很奇妙，完全是癡呆症患者不能做的事情。我們去見我的神經科醫生，告訴他我們的計劃時，他說：「唔，我不建議你們搬家，但由於你似乎經過環遊世界的旅程後也沒有出事，或許你也能夠應付這件事。」不完全是清楚地同意我們的計劃，但至少他不會阻止我依從自己的衝動。

我們在島上的第一年確實沒有那麼大壓力，人們對我時間的要求也少了。但我感到很難安頓下來，很難記得我每天遇到的新臉孔，而且我和在坎培拉熟悉的一切都失去連繫。那風景是那麼不同，空氣和光線都是新鮮和陌生的，我們現在距離我的朋友和家人那些熟悉的臉孔足足有一千五百公里遠。

我正在掙扎，感到很難應付二〇〇三年初那些事情帶來的壓力。坎培拉發生了可怕的山林大火，影響到住在我以前居住的地方附近的幾個女兒。那裏被大火摧毀，有五百個家庭被破壞，無數生命受到創傷。到了二〇〇三年五月，我的二女兒萊安諾搬回家裏居住，我的生命有更多改變。

我寫信給我在國際癡呆症倡議及支持網絡的朋友：「我正在為很多事情掙扎。我的書在九六和九七年撰寫。但現在我甚至不能開始寫我想寫的第二本書。我的思想很混亂，我的冷漠……令每天都似乎一團糟。」

我們決定再次搬家時，那一團糟變得更狂亂和令人苦腦。我們打算搬到附近一塊地皮，以便分享將一片破敗、濕軟、雜草叢生的土地發展成刺激的養馬物業這歷險。我再次認為是我的衝動驅使我們搬家，但卻是我暫時的興奮，我頭腦清醒的時刻，以及我的決心令我們繼續下去。

到了二〇〇三年八月，我們已經搬了家，也計劃好建籬笆、清理、重新播種、建排水系統、馬廄等。只是在短短三個星期後，我們便展開那悠長的旅程。我們還未在新居所打開我們的物品，我也沒有自己感到真正屬於自己的家。

因此，我們在二〇〇三年底從日本回到家裏時，我感到自己好像無家可歸一樣。我不知道我的東西放在哪裏，也找不到穿衣服、沐浴和上牀休息的例行做法。一切都那麼陌生和不尋常。我絆倒和跌倒了幾次，有幾個月臀部都很痛。我的身體十分疲累，心靈則被綳緊，超越了它有限的空間。

我花了差不多六個月才開始重新得到一點精力，感到生命再次有中心。當然，我需要找到精力，坐在電腦前面寫這本書，寫關於癡呆症的一切；寫在這條慢線過這人生；以及寫走過得到診斷和接受治療，並自我發現及反省這個漫長的旅程。

3 讓我們談談患上癡呆症

醫療旅程

被診斷出患上阿爾茨海默氏病

我從局內人的角度了解癡呆症的旅程，始於感到有壓力和筋疲力盡，以及經常出現偏頭痛。

醫生終於在一九九五年四月安排我做例行的電腦斷層照相術檢查，證實我沒有腦腫瘤或損傷引致偏頭痛。報告說：「室系統(ventricular system)、溝(sulci)和腦脊液(cerebrospinal fluid, CSF)的空間對病人這個年紀來說，比預期突出，顯示有某程度的普遍大腦和小腦萎縮。」

我在第一本書談到我接著怎樣接受磁力共震顯像掃描，發覺有明顯的「室系統及蛛網膜下腔(subarachnoid spaces)普遍擴大，顯示普遍的大腦萎縮」。我見的第一個神經科醫生說，那掃描顯示，我很可能患了阿爾茨海默氏病，應該立即退休。這令我十分震驚，於是我在一九九五年七月見另一個神經科醫生。他進行更多掃描，做一個腦電圖，進行一些血液化驗，包括愛滋病(自體免疫力缺乏症)檢驗。我在家裏休息，藉以從偏頭痛，從嘗試應付工作而有的壓力，以及從可能被診斷出患上阿爾茨海默氏病這另一件令我震驚的事中恢復過來。

到了一九九五年八月，我的情況好得足以接受一系列複雜、令人疲累的智力測驗，報告顯示「專注力／集中注意力、處理資料速度、應用策略處理比較複雜和新穎的口頭或視覺材料等方面有困難，和額葉損傷的情況一致」。報告指出，從掃描中可以看到普遍的大腦萎縮，並表示「暫時最有可能的診斷似乎是早期的阿爾茨海默氏病」。

那神經科醫生細心研究這個報告，並吩咐我接受進一步掃描，以確定沒有其他原因引致腦部損傷和它帶來的功能喪失。這些測試包括腰椎穿刺（lumbar puncture），檢查有沒有受感染的迹象，以及一個小型的腸道活組織檢查，以確定我有沒有患上惠普爾氏病（Whipple's disease）。

接著，他通知我的醫生，表示「除了早期的阿爾茨海默氏病，他沒有診斷出任何可以醫治的疾病」，並建議我開始服食抗癡呆症藥物他克林，「嘗試保存記憶的功能」。他強烈建議我儘快退休。所以，在一九九五年十月，我開始服食他克林，然後開始安排醫療退休。在接著的幾個月，我的頭腦開始沒有那麼迷濛，我也開始處理這診斷帶來的震驚。從一九九五到一九九八年，我一邊服食他克林，一邊定期接受檢查，並確定腦部繼續受到破壞，但功能衰退的速度則減慢了，這可能是因為抗癡呆症藥物的影響。我開始過有阿爾茨海默氏病的新生活，並寫第一本書，走過那情緒和靈性的旅程。

被重新診斷為患上額顳癡呆症

一九九八年，正如我在第一章提過那樣，我接受了進一步的掃描。電腦斷層照相術掃描顯示「腦部萎縮主要影響額葉」。我也接受了正電子發射計算體層攝影術掃描，結果顯示：

> 大腦葡萄糖代謝減退（cerebral glucose hypometabolism）程度有確定但輕微的發展，大腦萎縮的程度也是這樣。萎縮最明顯的地方是中間和上額葉，而半球間的裂隙（interhemispheric fissure）比三年前闊得多。而且中線的前額腦葉（mesial frontal cortex），特別是扣帶型大腦皮層（cingulate gyrus）部位葡萄糖代謝的減退更明顯⋯⋯兩個顳葉（temporal lobes）都有代謝減退，顯示兩邊都有顳葉萎縮。所有轉變都在右邊比較明顯。自從三年前的檢查後，有輕微但確定的惡化。結果和額顳癡呆症，而不是阿爾茨海默氏病的模式比較一致。

重要的是，要記得正電子發射計算體層攝影術檢查功能，而因為抗癡呆症藥物，功能是增強了的。我見過有和沒有服食他克林的阿爾茨海默氏病患者在十個月後的腦掃描，那分別是相當大的。想像一下，如果我沒有服食他克林，我的正電子發射計算體層攝影術掃描會顯示甚麼。到了一九九八年，我已經服食了他克林三年。

我接受進一步的智力測驗。那測驗確定檢查的結果，令我被重新診斷為患了額顳癡呆症，而不是阿爾茨海默氏型癡呆症。在那三年間，很明顯的是，在額葉的損傷比較嚴重。神經科醫生告訴我，有些額顳癡呆症患者好像阿爾茨海默氏病患者一樣，病情會穩定很多年。這令我十分鼓舞。

但對治療來說，這個重新診斷沒有帶來多大改變(例如：醫生吩咐我繼續服食抗癡呆症藥物)，因為額顳癡呆症和阿爾茨海默氏病及其他癡呆症都有很多相同的病徵。不過，這種病較少記憶方面的問題，而有較多性格的改變和語言及判斷方面的問題。事實上，對額顳癡呆症的診斷很可能仍然比真實病例少得多。

不過我要提醒你，要記得我們每一個人都是多麼獨特——在運用腦袋方面是多麼不同。所以，即使兩個阿爾茨海默氏病患者的情況也不會相同，更不要說不同類型的癡呆症患者了。可能有頗多被診斷為患了阿爾茨海默氏病的人是被誤診，特別是那些年齡在六十五歲以下的人，在接受活組織檢驗後得出的結果。如果只用行為檢驗，沒有加上掃描和驗血，以及更複雜的智力測驗，這種診斷上的錯誤尤其普遍。

我在一九九八年再接受評估時，神經科醫生說他認為腦部衰退已經變得「極度緩慢」，我可以多活很久，而不是以前估計的五年到十年。他並非根據統計數字推測，那些數字會估計，如果我有這種癡呆症，我的衰退速度如果不是更快，至少也是同樣快。他將我當為獨特的個人來對待。

每年覆診……

二〇〇〇年二月，神經科醫生寫道：

〔克莉絲汀〕正接受慢性額顳癡呆症治療。這是一種緩慢進展的大腦退化病症，病情惡化的速度緩慢。她在記憶和某些行政功能方面有頗大困難，需要愈來愈多的支持性照顧。他克林這種藥物長遠來説有輕微的助益，但現時不能提供其他積極的治療。

二○○一年五月，我需要接受跟進的磁力共震顯像掃描，結果顯示：

存在大腦萎縮，在前部和顳葉比較集中，西爾維厄斯裂 (silvian fissures；大腦〔外〕側裂) 的情況尤其明顯。不過，也有某程度的中央萎縮和涉及枕葉 (occipital lobes) 的萎縮。亦有小腦萎縮……雖然前部和額顳的萎縮肯定比其他部位的萎縮更嚴重，但其他部位也有萎縮，並包括某程度的中央萎縮。

神經科醫生向我保證，雖然有明顯的額顳癡呆症形態，但病情惡化的速度似乎很緩慢。

在二○○二年初，進一步的智力測驗顯示我的記憶、空間位置、行政功能和處理資料的速度都有選擇性缺失。這只是支持在腦掃描中發現的衰退，以及額顳癡呆症這個診斷。

到了二○○三年，磁力共震顯像掃描顯示：

上大腦表面 (superior cerebral surface) 有明顯的蛛

> 網膜下腔，在前部比頂部更明顯。這伸展到鐮旁區 (para falcine region)。顳葉的前面 (anterior aspect) 的顱窩 (middle cranial fossa) 的蛛網膜下腔也擴闊了……頂葉 (parietal lobes) 的腦室周邊的白質層 (periventricular white matter) 也有三個細小的高信息轉變焦點。這可能反映輕微的細小血管局部缺血 (vessel ischaemic change)。

放射性核素腦部灌注檢查也顯示，和以前的檢查相比，額頂皮質 (fronto-parietal cortex) 有進一步的功能改變。因此，我腦部的損壞仍然持續，雖然緩慢，但卻是確定的，即使我表面仍然有一定程度的功能。

這一切表示甚麼？唔，基本上是，我腦部的損傷比我年齡應有的情況嚴重得多，而這損傷穩定地轉壞。每一年，我的腦部都失去更多東西。失去的東西在前部以及腦部那兩個大半 (好像合桃) 之間。

我演講時，通常都將一張掃描用高映機投射出來，因為人們往往不能相信我有任何問題。那些圖畫清楚顯示額葉和顳葉有萎縮 (腦部損傷)，而相比掃描顯示，這在電腦數據中尤其明顯 (根據我的神經科醫生所說)。

有時我也展示別人的掃描，那是腦部沒有受損的人的掃描。而那些影像抵得上千言萬語！通常人們都會突然間靜下來，因為那些知道腦部應該怎樣的人，嘗試接受一個事實，站在他們面前的人應該不能夠做她正在做的事情——也就是演講！

根據醫生的說法，我的掃描就好像那些中期額顳癡呆症患者的一樣，差不多需要進入護養院。那就好像以一個一百一十五歲的腦袋，嘗試推動一個五十五歲的人一樣！但我的功能卻彷彿顯示我只在這病的初期階段。為甚麼會這樣？為甚麼我可以以那麼小的腦部發揮功能？為甚麼我仍然能夠說話、穿衣服、寫這本書、閱讀、修讀輔導課程等等？

這對我來說表示甚麼？唔，在那些掃描和診斷後面，有一個正常人存在，而這個患有癡呆症的人無意好像很多專業醫療人員預期那樣，安靜地生活或衰退。但幸好我的神經科醫生對我沒有這種預期。他樂意每年和我交談，對我說話時彷彿我仍然有健全的腦袋，配被當為一個智力正常的人那樣看待。

他沒有假設任何事，沒有給我任何衰退的預測，基本上說我現在和將來都會好像我感覺一樣好，對好像我和其他癡呆症患者，仍然有很多事情有待發掘，從而給我盼望。

他對我的功能似乎比從我的掃描可以預期更好的解釋是，我先存的能力高很多，我現在似乎從那裏發揮功能。他說：「她處理得那樣好，部分原因是她的病發展得不尋常地慢，以及她丈夫那非常好的支持。」

保羅和我都盡力好好地與癡呆症共舞，但在這旅程開始時，他並不在場。他只是在那掙扎開始了三年後才加入。

從震驚到盼望的旅程

那掙扎從進行檢查，找出初步診斷開始。那是等待、疑惑和無望地盼望無論出了甚麼問題，都可以得到醫治，生活可以回復正常的痛苦。我面對那診斷帶來的震驚時，生命戲劇性地改變了。醫生說：「你患了癡呆症，沒有辦法治療。」那時，我感到那好像是一個咒詛。那好像傳統交惡運的咒詛，這些話往往令人十分沮喪。對我來說，有大約一年時間，我肯定十分退縮，接著便撰寫我第一本書，處理我的思想和感受。

我們很多人都聽過那種診斷，我們現在稱為癡呆症的標準對白：「你大約會在五年後變成癡呆，然後很可能再過三年便死去。」難怪我們往往抑鬱和沮喪！癡呆症和阿爾茨海默氏病都是製造恐懼和懼怕的詞語。我們很多人都寧願自己患的是癌症。這樣至少醫生還會提及治療，化療及可能減輕病情的措施。但對被診斷出患了癡呆症的人，醫生卻不會說這些話。

在作出診斷這個關鍵的時刻，你告訴我們甚麼？「最好不要讓她知道。」「他不能真正明白？」「回家好好享受餘生吧。」人們的假設是，不能做甚麼，所以也不要麻煩了。但我們希望自己的生命可以有秩序，可以想及與家人的關係，我們的法律及財政事務。請給我們關於癡呆症的資料。不要假設我們缺乏洞見，因為我們可能只是否認——而這是對得到這診斷帶來的震驚一種完全正常的反應。

當你被診斷出患上癡呆症時，一件真正令你感到害怕的事情是，沒有人知道你會退化得多麼快——很難令人明白那種感受，每天你都在想哪一種能力可能會失去。你不知道自己在很久以後是否仍然能夠閱讀和書寫，或者計算加數。建立持久的法律安排，可能可以令人的財政安排得到保障，但卻會增強對失去「那三個R」（閱讀〔Reading〕、書寫〔wRiting〕和算術〔aRithmetic〕），以及那會是多麼可恥的恐懼。還有放棄去餐廳、音樂會、戲院、會所、打哥爾夫球或教會帶來的損失——很大程度上是因為羞恥和不被了解。

在得到診斷後的頭兩年，我極力嘗試相信那損害一直都存在。腦部受到的損害是完全的。或許我出生時腦部已經缺少了那部分，但我仍然能夠好好應付？或許我的病是能夠醫好的？但現在我知道自己的確有逐漸惡化的癡呆症，而且重要的是，這個病是可以治療，也有盼望的。我學懂積極地帶著癡呆症生活，而我的神經科醫生也做了很多事情，藉著將我當為一個雖然患有癡呆症，但仍然可以有所成就的個體來治療，從而給我幫助。

例如：在二○○三年底，他寫道：

> 她的認知失調逐漸惡化，但她仍然能夠進行受資助的巡迴演講，講述受癡呆症影響帶來的問題……雖然她的短期記憶和語言能力都正在減弱，但她卻有了不起的洞見和推理技巧，而且兩者結合得非常好……頗為明顯的是，克莉絲汀的癡呆症會繼續以過去八年的速度演變，因此我們毋須考慮她的生活需要有任何重大改變。

我的神經科醫生不斷給我鼓勵，首先和首要地將我當為一個人，而不是一種疾病來看待。他給我盼望，讓我相信自己雖然退化，但仍然可以完全發揮自己的潛能。

但我的潛能和我患病前並不相同。我的朋友瑪嘉烈(Margaret)以前和我一起工作。她接受日本放送協會這個日本全國電視網絡的河村裕二訪問，説我「很快便掌握放在她面前的任何東西。任何問題只要交給克莉絲汀，便不再是問題。交給她的任何問題都有解決辦法」。我不再是她描述的那個「出色」的人。但隨著我走上癡呆症旅程時，我對自己有更多發現。再次正如瑪嘉烈説：「患了這病後，她那憐憫的一面完全表露出來……她的性格變得溫柔多了。」

由於那些抗癡呆症藥物，我的功能幾乎顯得正常。如果沒有那些藥物，我不能夠旅行、演講或甚至淋浴或穿衣服。不單這些幫助，我以前的教育程度和能力對我也有幫助。神經科醫生説，那就好像我以前可以用六個球來變戲法，但普通人最多只能夠用三個。以我現時的衰退程度，我可能會丟失三個球，但仍然差不多可以和日常遇到的普通人那樣用那麼多個球變戲法。在其中一次演講中提到這個比喻後，我很珍惜在日本時人們給我的一些變戲法用的好球子。這些球子提醒我自己曾經是怎樣的人，現在又怎樣，也啟發我繼續盡力變戲法！

希望我還有足夠的額外時間和洞見，和你們分享與這些稱為癡呆症的疾病搏鬥，那感覺是怎樣的。

帶著癡呆症生活有甚麼感覺

這個病帶著那麼可怕的傷痕，以致沒有人願意談及或承認有這個病，更不要説尋求是否患了這病的診斷。因此我們努力要保持「正常」，並假裝我們感覺良好。但我們並非這樣——我們現在的感覺和以前相當不同。我們知道正常時的感覺是怎樣的，但那不是我們現在的感覺。而隨著這個病發展下去，我們會變得更難描述自己的感覺，更難整理我們的思想，更難將話說出來，讓你們明白我們。

癡呆症的最初病徵是，我們裏面有十分緩慢的改變，連我們自己也難以察覺。我們的家人和朋友可能以為「我們改變了」，我們則可能以為自己只是受到壓力。但那只是漫長而緩慢的改變的開始。

我頭腦裏感到朦朧，而且變得更容易混亂。我很疲倦，只想不工作，回家睡覺。但我不能放棄，走到牀上。我是一個單親母親，家裏有三個女兒要我照顧，我的工作也要求我管理三十個職員和幾百萬澳元的預算。

平常的事情都令我十分緊張，每星期我都嚴重偏頭痛。我會在說話中途忘記了自己在說甚麼，在上班途中迷路，感到愈來愈難作決定。每一件事都需要付出努力，我感到有些事情相當不妥！

那些智力測驗令我筋疲力盡，我也因為有些事情顯得很困難，另一些則似乎頗為容易而感到困惑。我在記數字，將圖畫化成故事，找出放在我面前的方塊的安排有甚麼特別，以及在迷宮中找出路這幾方面都有很大困難。我嘗試回憶不同的購物清單和故事時，腦海裏往往只有一片空白。

我們每天都掙扎著應付生活。每天都充滿無數活動，隨著時間過去，這些活動變得愈來愈困難。每一個任務都似乎變得更大和更可怕，以致我們的生命失去了連貫性。我們處理大量困難的任務時，生命變得好像充滿零碎的困難。

我們感到自己彷彿站在懸崖邊，在一個黑洞上。日常任務都十分複雜。再沒有任何事情是可以自動完成的。一切都好像是我們第一次學習的。煮食時將東西燒焦，熨衣服時把衣服忘記了，洗衣服時沒有將衣服分類，駕車時變得害怕。你告訴我們，我們之前已經問過你那個問題，但我們卻完全不記得。過去只是一片空白，這令人感到陌生和害怕，但你卻對我們感到沮喪。

如果我們少了一條手臂或一條腿，你會因為我們仍然努力而恭喜我們。但你看不見我們失去了腦袋的多大部分，要應付生活是多麼困難，所以你不明白我們的掙扎。對我來說，那就好像掙扎著在霧中生活，特別是在沒有安理申的時候。一切都令人困惑，而那掙扎令人疲累得到了極度疲倦的程度。

我們好像在一個未經治療和得到治療的癡呆症的平行宇宙一樣前進和後退。我們有好日子，也有壞日子。正如我在國際癡呆症倡議及支持網絡的朋友莫里斯說，我們有「明晰的窗戶」，是我們必須好好利用的。但我們也會在不能預期的情況下感到筋疲力盡、迷惘、糊塗。生命似乎太困難，所以我們便退縮。

國際癡呆症倡議及支持網絡的先驅勞拉在二〇〇一年初一封電郵中，在研究早期癡呆症時，很簡潔地描述了我們的感受：

> 大部分時間，我都活在自己能夠看到的空間，以及我稱為「現在」的時間中……那差不多是一個「虛擬的世界」……我移動……看到一個新的空間……

> 好像電腦遊戲中的一個新房間……有某種芝士，我忘記了它的名稱，將它切得很薄時，是有很多孔的……我的生命就好像那片芝士一樣——充滿空間，僅僅能夠連結在一起……或者好像陣風中的樹木……樹枝觸碰，有了連繫，但卻是短暫的……有連繫，然後又沒有；沒有甚麼連貫的感覺……甚至我對自己在空間中的植根感都好像很薄弱……彷彿我會被撕開、連根拔起、吹走。[24]

你看，那遠遠不單是失去記憶。我們迷惘，我們的視力、平衡力、處理數字和方向的能力都有問題。那是真實的疾病，不是衰老的正常部分。我們感覺不到時間過去，所以我們活在現時的現實中，沒有過去，也沒有將來。我們將所有精力都放在現在，不是以前或稍後。有時這帶來很大的焦慮，因為我們不能「感到」過去或將來存在，因而為過去或將來擔心。

但我們活在現在，有靈的深度和一些混亂的情感，而不是認知這個事實，表示你可以透過觸摸、眼神接觸、微笑，在更深的層面和我們聯繫。

> 你的演講給我很大幫助，讓我明白我母親正在經歷甚麼。她永遠都不能告訴我，我總是感到那麼無助。現在我對她的感受有更多認識。謝謝你今天早上向我們付出那麼多。

那位女士含著淚和我說話，她表達了多年來都不知道母親怎樣看世界，她的日子怎樣，她在阿爾茨海默氏病中漸漸退化的旅程是怎樣的，但現在終於知道時，有甚麼感受和痛苦。

我剛完成另一次演講，那是由本地阿爾茨海默氏病協會為家人和專業照顧者而舉辦的。我在講了四十五分鐘，然後回答了一些問題後，感到筋疲力盡，但這位女士開放中的真誠，她透過眼淚無言地表達的掙扎，都證明我的努力是值得的。

過去幾年，我在澳洲和海外發表了很多演講，對象包括專業工作人員、照顧患者的家人、癡呆症訓練課程的學員和會議的參加者，每次人們的反應都一樣。那演講——雖然對我來說只是同樣的事情，一再稍為修改——真的洞察癡呆症患者的世界，讓人看到我們的腦部漸漸消失時，我們每天面對的掙扎。

在我早期的一個演講中，發生了一件令人興奮的事。觀眾中有一個人站起來，向妻子示意，要她代他說話。她說：「我們去年來聽你的演講。今年又來了。他說你所說的話，真的描述了他的感受，你建議在嘈吵的地方用耳塞，也真的有幫助。」

這是第一次有人直接肯定我所的話也是別人的感受。後來我參加了那電郵支持小組，發覺世界各地有五十至六十人也有同樣的感受。正如簡在其中一封電郵說：「你繼續令我感到驚訝。你有能力那麼清楚地組織和表達『我們』的需要，令我心生敬畏。我將它印了出來，和丈夫分享。」瑪麗．洛克哈特同樣說：「我也有這感覺。我很高興你在我們的隊伍中。」[25]

但我感到似乎時間不夠。最近我去坎培拉，我們在幾年以前一直居住的地方，那給我很特別的時間進行思考。我感到很放鬆和愉快，發覺自然環境的美，那些植物和景色是強烈的視覺記憶，令我的精神得以恢復。那些漂亮的膠樹、袋貂、鸚鵡和清涼的空氣給我相當屬靈的時間，我感到很大的平靜充滿自己。一個早上，日本放送協會的裕二和我談及所有這些感受。

我掙扎著要說話，眼淚開始在我眼中湧出，因為在這平安的感覺之下，是自己時日無多這可怕的感覺。要表達我的思想和意念是那麼大的掙扎。但我感到自己好像一枝發出噼啪聲的蠟燭，只餘下最後幾厘米蠟時，火燄在它最終消失前燃燒得特別耀眼。

我十分渴望傳遞自己所有意念，我在這本書盡最大努力這樣做，這是我最後的努力，將一切都寫下來。我感到焦慮，因為我似乎愈來愈不能捕捉和傳遞這些思想。有 連串的意念來到我腦中，但卻沒有停留下來。它們是一閃而過的洞見，這一刻存在，下一刻便完全消失。除非我立即說出來或寫下來，否則它們便會永遠消失。

我感到神給我這一切意念，但或許我寫得不夠快，或許我等了太久才將它們全部寫下。不過，好像殘燭一樣，有時光亮地燃燒，但卻已時日無多，是相當可怕的感覺，因為我感到有很多事情要做，我對我的女兒還有要負的責任。

我嘗試在這本書分享那些感受，以致你可以在我們帶著這些引致癡呆症的疾病退化時幫助我們走這條路。我嘗試大致根據我們退化的旅程安排這一節——既是從我們的角度，也是從你可以怎樣幫助我們的角度。

我盡自己所能表達患有癡呆症是怎樣的，但這已經變得愈來愈困難。人們往往說：「噢，你真的做得很好！你看來那麼好。」但我頭腦裏卻是非常混亂。

每一天，生命都是掙扎！

最近我向一個記者描述我的感受：

> 我的思想比較伸展、比較線性、比較按步就班。我失去了自己以前所有的生氣、互相聯繫的興奮、刺激和專注。我失去那熱情，一度是我的特點的推動力。我好像是以前自己的一個慢動作版本——不是在身體上，而是在思想上。[26]

我好像天鵝，上面在滑行，下面則在瘋狂地划行。表面上我似乎功能正常，但在下面，我雙腳卻瘋狂地划行，令我繼續浮在水面。我似乎每天都划行得更快。我似乎很快便會下沉，因為那掙扎快到一個地步，令我感到太疲累，不能夠繼續這樣下去。

我和神經科醫生談話，告訴他我正在做甚麼時，他看到那天鵝，但在下面，當他檢視那些測試和掃描時，卻看到我雙腳移動得多麼快。我可以稍稍游一會，好好地表演，以致你留意不到有多大問題。沒有人知道那多麼糟，除了我和我那損壞了的可憐腦袋。乾脆放棄會容易得多，因為每天都是掙扎。

努力和筋疲力盡……

這些就是我們每天的特點。在屋裏慢條斯理地幹活，努力記起今天是甚麼日子，今天有甚麼事情發生，以及你今天計劃做甚麼，已經令你疲倦。沒有人真正明白這樣生活多麼辛苦，所以每個人都似乎輕看我們的感受，以俯就的態度對待我們，企圖證明他們有同樣感覺。但我們知道那不是真的，因為單單每天最簡單的事情已經令我們筋疲力盡。我們也知道正常是怎樣，人們聲稱和我們一樣的「正常」困難的感覺是怎樣的。

我不再是「能幹」的人。我往往不能做一些事情——每天和我腦部的損傷搏鬥變得那麼困難。那麼多事情的複雜程度都令我痛苦。只是起來，怎樣沖一杯茶，怎樣淋浴，自己的衣服放在哪裏，自己應該穿甚麼都是困難的。我不能夠決定穿甚麼。很多決定都太複雜，我記不起別人說了甚麼或提出甚麼，以致不能夠作決定。「隨流失去」會容易得多。

煮食是那麼複雜，現在幾乎成了我能力範圍以外的事。我需要將各種東西按著食譜的次序排列在長枱面，然後逐一拿來使用，再放回原位，以免自己用了兩次，而且要寫下每個步驟所需的時間。我要花整天做這些事情，做筆記，確保每一樣東西都準備好，定好計劃，將桌子安排好，並努力嘗試確保自己記得端上每一道菜，以致變得筋疲力盡。清洗、分類和作決定——生命充滿掙扎和複雜的事情。

我假設那痛苦是因為每個人都似乎不知道那實在是多麼艱難，一天的每一刻都要刻意地努力做，無論那是甚麼事情。在這不正常的疾病中，甚麼是正常的？我們可能受到誘惑，保持愉快的外表，否認有任何東西不妥。你可以這樣繼續下去，否認我們患了癡呆症，或者假設我們沒有洞見，接管我們的生命。

我們不能得勝。如果我們假裝自己處於正常狀態，便需要愈來愈多精力維持自我，於是便只有愈來愈少精力留給你和應付壓力。對你來說似乎是簡單的挑戰，我們也可能顯出災難性的反應。

如果你接管我們的生命，我們便很容易墮進無助中。畢竟生命是那麼艱難，你可以令它對我們變得容易了那麼多。但由於我們需要不住重複動作和思想，才能夠保持記憶，你這樣做時，我們便會一天一天地失去功能。當然，放棄和退縮，每一件事情都接受幫助，是比較容易的。我毋須再掙扎。但恐怕這樣我會喪失很多功能，以致每天都需要更努力嘗試記起自己仍然有甚麼技能。

即使走路和看東西都是困難的……

絆倒、搖晃和潑出液體是日常都會發生的事情。我發覺自己不能不看著自己雙腳而沿著不熟悉的路走，上落樓梯需要留意每一步和每一個動作。我的視線和我的眼睛傳送到我腦裏進行解釋的信息都比較緩慢。所以，我腦裏傳送到我身體的信息，讓我回應眼睛看到的東西也比較緩慢。

結果是世界好像一個搖搖晃晃的地方，很難知道自己的每一部分在甚麼位置。我的頭移動，身體走動時，周圍的環境從焦點中出現又消失。我的身體回應環境改變時也很緩慢。幾個月前，我在設有圍欄的土地上走路時跌得很厲害。我在國際癡呆症倡議及支持網絡的朋友經常談及他們跌倒。現在保羅抓著我的手，令我穩定下來。

我拿著一杯液體時，需要付出很大努力才能防止液體濺出。我需要看著杯子，看著自己的身體，小心自己的身體在空間中的位置——在這似乎很簡單的任務中，有無數作用和反作用。對我來説，拿著一杯飲品已經成了重大的挑戰。我每一部分在空間的甚麼位置？那杯子在哪裏？為甚麼我不凝視它，它便會搖動？為甚麼我將它從桌子上面遞出去時，它會突然撞向其他物件？為甚麼我伸出去時，便會碰到其他東西，弄出一大片污迹？

那就好像蒙著眼，在一條隧道裏觀看一樣。我的周邊視覺 (peripheral vision) 似乎更有限，明顯在我周圍移動的東西令我驚愕或使我分心。我似乎戴了護目鏡。如果我走過一面鏡子，我可能被在房間中和我一起的那個陌生人嚇 跳！

我經常在廚房和浴室碰跌東西。我錯誤判斷距離，撞進物件中。圖案可以使我感到混亂，所以如果我走在平滑但有圖案的地面上，可能會絆倒。我就好像只能夠看到面前的東西，好像有人將我的眼睛蒙起來，令我看不見兩邊和周圍的東西。

很慢的反應時間

世界轉得太快，我卻太緩慢。身為乘客，我是司機最可怕的惡夢，因為我假設你的反應時間和我一樣慢，我因為你的速度，你多麼接近前面的車子，以及我們周圍的事情發生得多麼快而感到緊張。因此我驚訝、尖叫、緊張、發表意見！在駕車載我到任何地方時，保羅的名字都是耐心！城市的交通令我筋疲力盡，因此我們帶著一個航空公司的眼罩，用來蓋著我的眼睛。這很有幫助，特別是在晚上，當光線和活動對我來說都是太快速的時候。

如果你患上癡呆症後仍然駕駛，你會想到究竟自己可以維持這種獨立性多久，而且害怕發生輕微的碰撞，因為這表示每個人都會假設，這是因為你患了癡呆症。對癡呆症患者和家人來說，放棄駕駛執照是一個重大的創傷。我現在只在緊急的時候才駕駛，在我們這個寧靜的鄉間，只離開我們的房子幾條街也感到緊張。我感到自己對意料之外的事情，反應實在不夠快；也很難專注於前面的道路，並記住所有踏板、槓桿、標度盤和燈號，以及它們向哪個方向，有甚麼功用，我接著必須怎樣做。

不可靠的記憶

記憶來又去，有時我可以一瞥過去的事件，或者自己將來打算做的任務。但我不能在希望找到有關記憶時這樣做，它們只在不可預計時出現，我需要趕忙將它們記下，或者告訴保羅，讓他代我記著。我似乎會忘記沒有寫下的一切。

忘記了的生命的黑洞……

我曾經將自己希望記得的事情列出一份長長的清單。有一天，我在找尋這份清單。保羅說他不知道那是那麼重要，他以為那只是一張紙，所以將它丟掉。我感到很失望、很沮喪。失去那清單的可怕給我打擊

——那感覺就好像我沒有將來。我後面和前面都張開了一個黑洞。

我尖聲大叫：「我不知道自己在做甚麼，這實在太可怕了。」那真的是一場災難、一個危機。那感覺就好像我的生命被丟掉！保羅知道不可能令我冷靜下來，我真的有災難性的緊張反應。因此他細想那張清單可能在哪裏，結果他走到街上的垃圾箱，因為那晚上要將垃圾放在外面。他將垃圾倒出來，找到那張清單。

我非常非常高興。從那時開始，我們便將「待辦事情清單」存放在電腦內，並不斷更新。現在我的日記簿只有幾件事情要做。對任何人來說，那都只是一張清單；但對我來說，那卻是我的生命。我只能夠這樣，生命才有組織。否則，生命便會變得一團糟，因為我的腦裏只有一團糟。有時出現一個思想，我便想到，啊，我必須將它寫下來。那思想不會以任何可靠的方式再走進我腦中，就好像詞語和詞組的紡車一樣，會隨意停下來。

間歇的接收和濃霧……

我記憶的不可靠，就好像打印機的墨開始減少，有時能夠打印，有時卻不能一樣。有些日子我能夠記得上午的事情，但在其他日子我卻不能這樣。那是對過去的生命一種隨便的取向。你的記憶是不確定的。有時，那感覺好像一塊黑色帘子罩著剛發生的事情。你處於連續的現在中，但在那帘子裏面，是存在於數年前、清楚的過去。昨天或今天，上星期或前星期都是一片空白。寫日記可能有幫助，但我們需要記得找出日記，並找出正確的一頁！

我頭腦裏面好像有一塊棉花，我的思想和感覺好像有一層霧。這層霧表示我很難專注、留意和跟得上在我周圍發生的事情。這令生命流過時，我只能間歇地接收。

在濃霧中，我沒有足夠能量應付找思想或觀念，或者弄清楚你在說甚麼。學習、禱告、整理思想和安靜地思考都變得不再可能。我只有一團隨意的思想。我隨流而去，儘量利用隨意生發的能量和神志清明。

談話充滿問題，也令我緊張，因為我緩慢了很多，也不能很快地給別人回應。我失去了即時性。好像「保羅今天在哪裏？」這樣簡單的問題也會令我的思想變得一片空白。如果我錯過了幾個詞，我便感到難以明白別人對我說甚麼，也不再能夠找到意義。那些錯過的詞語，令那句子充滿矛盾、沒有意義的聲音。有時即使我聽到你說的一切，那話也顯得毫無意義，只是一堆聲音，而我需要請你重複。

我問過你這個問題嗎？

這種間歇性的接收，也適用於我們剛問過你的問題，所以我們會問同樣的問題，完全沒有發覺我們已經問過。我們也需要問你問題，以應付我們對於一個課題感到的焦慮。

例如：一個星期六早上，保羅和我去教會參加好友的婚禮。那天下午，保羅說：「今早不是很美好嗎？」

我說：「甚麼美好？」對肯定是那天裏一件重大的事情，我完全沒有印象。那帘子在我後面罩了下來。

對，一再聽到同樣的事情令你發瘋，但對知道自己問過你那個問題，卻忘記了你的答案的癡呆症患者來說，那要糟得多。我往往問一個問題，然後從別人臉上的表情，得知自己已經問過那個問題，而且可能只是在不久以前才問過。有時，我的一個女兒會沮喪地說：「我已經告訴過你！」但我卻記不起那回答，所以需要再問。請耐心對待我們。

對一本書、一齣電影或一套電視片集，我其中一個經常提出的問題是：「我有沒有看過？」而即使答案是：「有」，我仍然覺得那個故事是新的，很有吸引力。我對以前發生的事情沒有記憶。但閱讀一本書或者追看電視節目卻是一場掙扎，因為我不能記起那些臉孔或名字，也記不起情節。

那東西在哪裏——你拿了！

我將物件放在錯誤的位置，因為我拿著東西四處走，想將東西放在某處，然後想到其他事情，於是將東西放下，事後當然記不起東西放在哪裏。

我沒有故意將東西收藏起來。我不能記起自己將它們放在哪裏。我甚至不記得自己曾經拿著那些東西，所以我有可能指你將東西拿走或收藏起來。

那是非常典型的一天。我執拾東西，那當然沒有用，因為對「你將東西放在哪裏？」這個問題，答案明顯是：「我不知道」。

我需要很多提示

有些事情我記住，然後又忘記了——所以如果有人提醒我，我可能會有些記憶。那不再容我控制，我需要你用很多提示提醒我。就好像我遺失了記憶檔案櫃的所有鑰匙，只剩下一條。你可以藉著一個詞語、一句句子或描述一件事件，幫助我找回記憶。我記得我們在京都的酒店時，我嘗試向保羅描述這種感覺。我指著我們後面的障子屏風上面的方格的外形。我說：「每一個方格都好像我的一個記憶，鎖在一道小門後面。這是一道門的牆，一個充滿它們的屏風，但我卻不能看穿屏風。」

我需要你用一個詞語或詞組找出這些盒子的鑰匙，打開被鎖起來的記憶寶庫。我遺失了我的鑰匙，我有這種二維的感覺，我後面有一道記憶之門的空白牆壁，但我遺失了鑰匙。給我們提示，讓我們可以加入你的記憶，不要因為那鑰匙不再配合那鎖，或者門後的記憶庫褪色而感到失望。我往往只有一片空白，沒有任何回憶可以分享。

好像「你記不記得？」這樣的問題會令我驚慌。我拼命嘗試找尋和你的問題有關的記憶時，那黑色帘子在後面垂下。我處理資料的速度實在太慢。描述你的記憶對我的幫助大得多，因為這樣可以給我時間思想，有時也會刺激我的記憶，讓我可以和你分享我自己的感受。

但在其他時間，我則不能記住那經驗，所以即使別人提醒我，我也不記得曾經發生過那件事。但我會假裝那事情真的發生過。從我茫然的表情和緩慢地說：

「啊……對。」保羅可以得知我忘記了。

我並不真正記得我寫第一本書的情形，除了記得花了很多時間和相當困難外。但寫那本書，和麗齊·麥金利談論它，有助我建立對自我的感覺，以及思想我自己的人格。

不認識標籤

沒有內容的名字是真正的挑戰。一天，我女兒的伙伴蕾切爾在和我到訪我以前居住的坎培拉時，帶我去看一些植物。她說：「我們會先去菲利普，然後我們會……」我心裏感到混亂、疑惑、迷惘。這稱為「菲利普」的是甚麼東西？一個人、地方、商店、建築物？我們到了目的地後，我才知道那是我們熟悉的近郊購物區的名字。蕾切爾和我那天很愉快，我在腦中重新發現自己老家幾個真實的地方，這些地方屬於一些沒有連繫的標籤。

我緩慢地學習怎樣在記不起標籤——你的名字，甚至我的名字——的情況下生活。我認得一些臉孔，也知道自己和他們有點連繫，但卻記不起為甚麼自己認識他們，也記不起自己知道他們甚麼事情。那是一個世界，在其中我知道自己認識你，卻不知道為甚麼自己認識你。

你的名字——屬於你的標籤——往往不存在。你的臉孔有點熟悉，但遇到你卻來得太快，令我不能在自己支離破碎的記憶中找到你的標籤，或者為甚麼我認識你，或者任何我所知、關於你的資料。我需要時間和提示，而不是問題。嘗試談及我們共有的經驗，讓我可以找出為甚麼我認識你，或許你的標籤便會出現。不要只將你的標籤給我，我要知道更多，才能夠真正知道你是誰。我需要一些詳細資料，讓我知道為甚麼我認識有那個標籤的人。

最近我們到訪坎培拉，在教會和阿爾茨海默氏病協會見到我的朋友時，我對自己認出朋友的方式有一些重要發現。我見到一個臉孔，感到很熟悉，然後一閃而過地認得那人，也感到認識對方的喜悅。接著我會微笑和擁抱這些親愛的人。我知道他們按著我的本性愛我，所以可以有信心對他們說：「見到你真好，但我記不起你的標籤，我記不起你的名字，也記不起你是誰。」

你看，我不知道他們的名字，他們是否已婚，有沒有孩子，有沒有工作。我對他們一無所知，不知道在「正常」意義下認識和認得人們時知道的任何事情。我認識人們的方法是在靈性和情感層面。我在人們的核心認識他們。但我不知道他們是誰，意思是他們在你那個認知和行動，標籤和成就的世界裏是誰。

這種在靈性層面對重要的人的「認識」，不需要有認知或甚至情感的標籤也能夠存在。但如果你因為我不知道你的標籤、你的名字、你是誰，以及為甚麼你對我重要而感到失望，可能會妨礙我對你的認識。

我對你的「認識」是否由和你的連繫，來自你、由靈到靈的回應激發？如果你因為我缺乏認知而受到傷害，這會不會妨礙我認識你？我仍未知道，但當然，如果這樣的事情發生，我也不能夠告訴你。

我通常都享受大家一起的每一刻，所以為甚麼我記得那事情是那麼重要呢？請繼續探訪我，即使我不記得你曾經來過，甚至不記得你是誰。你探訪的情感，你給我的友善感覺，都重要得多。那是我感受到的情感，而不是我對那事件的認知性察覺。

如果我不能記起，如果我重複自己的話，或者忘記你告訴我的話，那又有甚麼要緊呢？如果我享受你的探訪，為甚麼我必須記得？為甚麼我必須記得你是誰？這是否只是要滿足你自己對身分的需要？你的探訪不是我會儲存和回憶的認知經驗。讓我活在現在。如果我忘記一個愉快的記憶，那並不表示它對我不重要。

我在靈性這更深的層面和別人連繫，所以我珍惜你的探訪，以它作為「現在」的經驗，在其中我們靈與靈相通。我需要你肯定我的身分，陪著我走。我或許不能夠肯定你，記得你是誰，或者你有沒有探望我。但你將靈性連繫帶給我，你讓神透過你工作。這可以跨越文化和語言發生，是很有意義的深層溝通，或許是我們都應該追求的。

焦慮和痛苦

我的癡呆症帶來甚麼行為和性格的改變？當然我在說話方面有困難，或許我比以前容易哭。是的，或許我的要求更高，沒有那麼肯定，比以前更衝動，也沒有以前那麼自制。但卻沒有我讀到的事情出現——憤怒爆發，變成和以前相當不同的人。如果我有任何改變的話，朋友說我變得比以前更友善。但家人卻看見我驚慌、失控、不能應付事情。

我問艾恩錫我有甚麼改變時，她說：「唔，媽，你以前很專注。」萊安諾說：「現在你說：『我做不到！』你以前從不這樣說。你以前總是『能幹』的人。」但雖然我的行為可能改變了，我感到自己仍然是自己。只要我服食抗癡呆症藥物，我便活在自己周圍的世界。如果沒有那藥物，我便會退縮，退到自己的小世界中。一切都變得太繁忙和混亂。

在恐慌的邊緣

我承受壓力的能力相當低，即使很小的干擾都會引發很大的反應，我會呼喊或尖叫，驚慌和踱步。我需要平靜，沒有驚奇，沒有突然的改變。焦慮是潛伏在我們疾病下面的情緒。我感到自己需要做一些事情，但卻記不起是甚麼。我往往感到有些可怕的事情會發生，但卻忘了那是甚麼。同時有很多活動帶來的壓力，令我變得相當專注，用我僅餘的腦力集中精神。叫我休息對我沒有幫助，幫助我完成任務卻能夠幫助我。

恐慌好像風暴那樣襲來，在我們努力應付那壓力時，表達內在的衝突。我們感到大禍臨頭。請幫助我們，讓我們從嘗試應付的努力中休息一下。如果我被壓力懾服，我的腦便會以偏頭痛回應這掙扎。我們處理壓力的另一個方法是冷漠——因為負荷過重而關閉自己。實在同時有太多事情發生，我們不試圖應付。我們不是不感興趣，而是缺乏能量。

焦慮不是我們能夠控制的——我們腦中沒有控制它的部分。所以我們要倚賴你們幫助我們鎮定下來——但方法不是告訴我們不用擔心！我們沒有資源這樣做。你需要有創意！你會怎樣對待感到困擾的幼童——分散注意力，幫助他們完成任務，並給予肯定。

我們有理由焦慮。對我們當中很多人來說，不能夠書寫和閱讀真的令我們擔心。穿或脫衣服也帶來壓力，我們需要找出穿甚麼和怎樣穿。當然，我們知道自己不能記得事情，所以總是擔心自己會失去一些東西，除非我們一直都留意著它們。我們不記得自己應該做甚麼，因而感到煩躁——那是星期一？上午或下午？我是否答應了做一些事情？我是否計劃了做一些事情？我是否需要曬衣服或把衣服拿進來？我沒有答應打電話給某人？所有這些思想都在周圍轉動，但卻沒有帶我們到哪裏，因為我們根本記不起。

或許如果我們不能記起，我們會以某種方式不感到壓力？但此刻我並不是這樣。或許有一天我會習慣不控制一切，不知道自己應該做甚麼，在癡呆症中放鬆，那我便不會感到有壓力。或許隨著我在這病中繼續下去時，這是我需要期待的？

但現在我往往感到自己忘記了一些自己應該記得的事情，而我記得那事情是重要的，但我想不起那是甚麼，因為我明顯記不起。而如果我記不起，一直都是這樣，可能會有一些可怕的事情發生。

任何未完成的工作都使我困擾，為我帶來痛苦。如果我現在不立即做這任務，我可能會忘記！所以我堅持做那任務，直到筋疲力盡，疲憊不堪。接著我變得憤怒、茫然、四處踱步、不能開始或停止甚麼。我不能將任務分成可以應付的細小部分，所以只是繼續下去，希望在自己進行期間會變得清晰。

我不斷擔心財政問題、將來、要支付的帳單、需要做甚麼、我的工作清單上有甚麼。我感到那麼不受控制，以致不能應付任何不確定。我感到愈來愈沮喪，現在更接近浮現出來，以致我能夠明白那些沒有言語的人，在別人嘗試要他們做一些他們不想做的事情時，說不出「不」這個字時有甚麼感受。我希望你在將某東西強加給我前，先確定我想要那東西。我現在已經是成年人，或許不想聽你的音樂，玩你的遊戲，或吃你想我吃的東西。我應該有尊嚴和受到尊重，即使我不能說話。

我需要不斷得到肯定，令焦慮不會變成災難性的反應。我們都是不同的個體，沒有做事情的「正確」方式。家人必須記得，病人在被診斷出患病前是怎樣的人，並按病人感到自在的方式，幫助病人維持盡可能多的獨立性。

踱步和徘徊

我經常感到非常迷惘和憤怒，但卻沒有任何明顯的原因，似乎主要只是因為不能回憶或可能忘記了一些重要的事情。所以我差不多好像一隻被困在籠中的獅子一樣來回踱步，或者就是不能安靜地坐下，特別是在黃昏。我的貓也往往走到我面前，同樣顯得焦急，因此我讓牠坐到我膝上，牠則以溫暖和叫聲給我安慰。我的貓是純種的東方貓，十分專注於牠的主人，很配合我的情緒和需要，總需要知道我在哪裏。牠是我的癡呆貓！

我發覺在晚上很難安定下來，很可能是因為我很難跟上電視節目的故事，廣告又嘈吵和擾人，即使閱讀也令人疲倦和感困難。如果我退到溫暖的牀上，循例和我的貓坐在一起，拿著一本書，那便會有幫助。我在晚上也服食半片奧沙西泮 (Oxepam)，這樣可以令我鎮靜下來，除去胃中有結的感覺，以及頸和肩膀的緊張。

我偶然會完全瘋狂，這可能在一天的任何時候，我專注於一個任務時發生。我不能因為被停止或逗弄而脫離這狀況。我變得筋疲力盡，但任何人嘗試給我保證，分散我的注意力，都不會令我注意。在這時，保羅只是安靜地幫助我做我正在進行的任務，以某種方式向我保證任務能夠完成。我將這事告訴神經科醫生時，他說：「保羅比藥物更有價值。」

周圍踱步可以減輕緊張，那活動令我不再專注於不知道那天是甚麼日子，那是甚麼時間，以及我需要做甚麼。我不能想到我需要做甚麼，但周圍走動令我感到自己好像在做一些事情，並釋放我裏面被抑制的能量，不知道自己應該做甚麼而有的沮喪。

背景嘈音或影像……

這些東西擾亂腦部，令情況更糟。收音機、電視機、電話和談話的人等背景噪音和動作——好像在商場、醫生的診所，以及在癡呆症日間護理中心和護養院常見的情況那樣——令我需要努力追上正在發生的事情，以致變得筋疲力盡。這些地方有這些噪音，是因為職員感到沉悶嗎？

那些噪音和動作，在我腦中好像打蛋器，將裏面的東西打亂，在進入腦裏的東西上面加上干擾的聲音或視覺屏幕。彷彿我的腦部失去了過濾器，我不能只專注於很多東西中的其中一樣。聲音可以成為喧囂，我不能辨別出人們對我說甚麼。有時我很難認出聲音。如果門鐘或電話同時響起，我的思想會凝固下來，不能分辨出那是甚麼聲音，或者應該怎樣做。彷彿那把那麼響亮的聲音令我的腦部變得一片空白。

但如果音樂形成一種模式，便能夠撫慰我，變成背景柔和的一部分。它需要有節奏及和諧，好像巴羅克(Baroque)音樂一樣；或者好像莫扎特(Mozart)或恩雅(Enya)的音樂那樣熟悉；才能夠令我安定下來，只要人們不期望我同時做很多事情。如果音樂富挑戰性，響亮或不熟悉，我便會變得焦慮，腦裏一片混亂，不能聆聽、說話或思想。我只能夠聽到最響亮的聲音，在我頭裏發出巨響，令我的腦部受損，影響裏面的思想或言語。

我的功能就好像我是在走鋼線一樣——我很安舒，沒有受到任何壓力或互相衝突的要求時，能夠應付得很好。但如果電話和門鐘同時響起，或者有兩個人同時問我問題，或者我感到疲倦或有壓力，我便會變得迷惘，不能夠想到應該做甚麼，腦裏只會有一片空白。

腦部疲倦……

在需要集中和留心的腦部活動，例如使用電腦、閱讀或和別人詳談後，我感到很疲倦。我頭腦裏面感到有點「被清理」。我的疲倦是在腦部，而不是身體，所以我需要「讓腦部休息」——一個人安靜地坐下，周圍沒有嘈音或活動。我仍然可以作很長的散步，或者有很少說話的人帶領著我，讓我的腦部可以休息。

我的腦部負荷過重和疲乏時，就好像短路一樣，它會關掉。我變得一片空白，看起來好像沒有腦，從周圍的事物中引退。我實際並不在場，雙眼沒有焦點，也不大能夠說話。那迷霧變得更濃，我不能跟得上別人說的話，以及周圍發生的事情。在負荷過重後，說話、聆聽、行走全都變得困難，我需要例行和熟悉的事情，才能夠應付和重拾對自己的感覺。

我曾經聽聞癡呆症會干擾我們身體的晝夜節律（circadian rhythm）。對我來說，就好像我有永久的時差。我輾轉反側等候自己入睡，就好像我腦中失去了那個「關閉」的開關。我發覺在等候入睡時，在心裏想像寧靜的地方或祈禱都變得愈來愈困難。我頭腦中不能再抓緊形像或文字。一切都變成混作一團的情感，從當天發生的事中冒起，令我更沮喪。

我的身體感到疲倦，肌肉也鬆弛。我的思想並非不快樂——沒有擔憂或焦慮。但我的腦部就是不會關掉，讓我入睡。但睡眠減少令那焦慮和混亂變得更糟，因此我服食替馬西泮（Temazepam），幫助自己入睡。溫暖的牛奶、熱水浴或令人鬆弛的音樂也有幫助。

我要不是不能開始，就是不能停下來！

我和國際癡呆症倡議及支持網絡的主席琳透過電郵有很好的交談。她也被診斷為患了額顳癡呆症。她說：「我發覺有時冷淡真的能夠佔很重的份量，我甚麼都不想做。你有沒有這感覺？」[27]我回覆說：「對啊——好像一切都太複雜、太困難，我不能決定做甚麼，所以只是在猶疑。」

我們的「談話」繼續下去，我說：「你不能想像我對你現在說的話可以有多大共鳴！！！在狀態好的日子，我好像有無比精力，可以四處跑(通常只是在早上)，做很多事情。我變得很瘋狂，想現在就完成所有工作，不知道何時停止！我四處衝，直至感到頭痛，而通常到了下午，我便會筋疲力盡。在黃昏時，我只能夠坐著等待睡覺的時候來到！」琳回覆說：「我就是這樣。剛才我正受著頭痛之苦……我以前從不會頭痛，現在卻經常有這情況出現。」

一個說明我可以多麼專注的例子是：我在午夜想清潔房子時，不能夠等到第二天，而需要立即做。我絕對不能睡覺。因此保羅會取出吸塵機，耐心地幫助我清潔整間房子。最後我們在凌晨二時躺在牀上，我感到快樂，但又感到沮喪，因為我明顯不再能夠控制這些衝動和突然想到的念頭。

我突然感到憤怒、說不好聽的話、決定搬家、旅行、放棄貓兒、收養貓兒……我的生命好像不斷有新事物的連續劇，但實際上我應該依從常規。

你不能想像跟琳和我一起去購物是怎樣的！唔，保羅是最有耐性的人，他等上數小時，讓琳和我在無數商店裏嘗試作決定。我發覺作出任何選擇都實在太困難。我想喝茶還是咖啡？——對我來說，即使這也是一個很難回答的問題。我又怎可能記著服裝店或食品店那眾多不同選擇的資料，藉以作出選擇？我那受損的腦就是不再有足夠空間那樣做！

作決定是不可能的！最後我買了一些東西。但回到家裏後才發覺食品櫃裏已經有那些食物了，或者那件衣物和衣櫃裏的所有衣服都不合襯。我不能夠在腦中帶著我家裏有甚麼的紀錄，以便購物和作出選擇。

我在哪裏？

令我們愈來愈焦慮的部分原因是迷路，不知道自己在哪裏。不知怎的，我遺失了頭腦裏的地圖，或者至少失去了將它與周圍的現實連繫起來的方法。所以我需要你帶領我，除非我在自己家附近，自己十分熟悉的地方。現在要找到自己的路已經變得愈來愈困難。保羅和我散步時，我拖著他的手——他是我的全球定位系統。我通常都不知道我們身處哪裏，正朝哪個方向走。

在二〇〇〇年五月，我自己到巴瑟斯特(Bathurst)一個大學宿舍，作為我輔導文憑課程的一部分。那實在是一場惡夢——我不能夠從宿舍找到去飯堂和演講室的路，雖然每段距離都只是大約五十米。我只能夠跟著熟悉的臉孔走(當然永遠都不是熟悉的名字——我完全不知道他們的名字)。那是我最後一次在沒有照顧我的伙伴引導下到任何地方。

溝通

我們知道自己想要甚麼，但卻不能說出來。我認為我們不是有認知缺陷，而是有溝通缺陷。說話、閱讀、書寫、計數都變得一團糟。以前在我們腦裏自動做這些工作的線路現在全都燒壞了。它們失敗、交叉或不存在。結果，我們為溝通而掙扎，每天都加劇。

我想說的是哪個字？

我們說話時，語言的流動中有空隙。在我們頭腦裏形成了一連串圖畫，但表達那些圖畫的文字卻不再進入我們的意識，更不要說傳到我們的口中。表達那些圖畫的文字似乎掛在不結實的紡車上。如果受到干擾，我便要重新開始，或者會完全忘記自己打算說甚麼。那思想也不會在稍後回來——它會永久失去。我掙扎著要找出那個正確的字眼時，我的句子變得更錯綜複雜，如果那紡車轉得太快，便會轉出錯誤的字。

對我來說，現在說話總是一場掙扎，所以我說話時比較緩慢和混亂。就好像我那些將文字整齊地存檔的抽屜被掃到地上，我需要在一片凌亂中找尋我想要的字。如果我找到那個字，或者和它最接近的字，接著便要想到怎樣將那個字發音，以及將它放在句子的甚麼地方。我放棄了。大多數時候，我用「物事」這個詞來描述任何我忘記了正確用語的東西！一位以前是教師的女士說：「我的形容詞正在消失——以前我很擅長運用形容詞。」

我的句子以相當混亂的形式出現，我也會說出一些古怪的話，例如：「你需要多一點穀類和水」而不是「鮮奶」。我描述那個詞，因為那紡車沒有轉出那個正確的用語給我，只有那個描述。或許我腦中的線路交叉了，走出了錯誤的詞，就好像那次，我對女兒說：「讓我們去種下那些馬匹」，我們發覺發生了甚麼事時都笑得連腰也彎起來。我在想著種樹時看到一匹馬。還有一次，我高聲對保羅說：「噢，天呀！那長東西在到處衝！」意思是「那水管在地上流出水來」。

說話時的一個真實困難是好像「我們」、「他們」、「我」、「你」、「你們」、「他」等詞語——我需要想出誰向誰做甚麼。那實在很困難，而且在我頭腦中似乎沒有意義。我提到我們的家庭經濟狀況時說「我的」金錢、「我的」帳單、「我的」稅款，即使我們有聯名戶口，一切都是共用的。

當我遇到自己家庭以外的人時，會很緩慢地說話，盡一切專注力和努力顯得正常。我就好像馬戲團中表演走鋼線的人一樣，需要很集中精神，否則便會跌下來。和你詳談後，我會感到疲倦和頭痛。和家人一起時，我走鋼線時有安全網，我可以放鬆，嘗試盡力傳達我的思想和感受。一切都很淩亂地說出來，但家人都盡力明白我的意思！

我們寫字時，那些字母的形狀都很奇怪，也可能有遺漏，出現在紙張上的文字可能顯得好像陌生得，團糟，不再讓人認出是我們的字體。就好像說話一樣，不知怎的，正確的詞語或時態在我需要時突然不存在腦中。但我用電腦時可以繼續努力工作，並從拼字檢查中開懷地笑！

這本書寫了六年，是我在期間寫下並發表的演講，發出和接收電郵，以及接受傳媒訪問的成果。我將所有這些材料剪貼拼湊，然後十分努力地將它們放在一起，令它們變得有意義。透過這樣做，我有時間緩慢、反覆和反思地分享我的思想。

閱讀變得愈來愈困難，我很難跟隨書頁上一行一行的文字，並記得故事中那些角色的名字。但我也有容易閱讀的書籍，於是我便看這些書，所以我仍然能夠閱讀。我似乎一定不能停下來，甚至不能放慢速度！我嘗試將一張卡紙放在書行下面，藉以將眼睛保持在上面。當然，我翻到另一頁時，已經忘記了前面那頁最後幾行，所以我將書翻來翻去，藉以令文字的流動進入我腦海。我嘗試記下筆記，並一再重讀某些段落。思想排序是一個很大的困難，我不能記著一些觀念、名稱或概念很久，讓自己能夠明白它們。

大部分時間我都跳讀，否則我不能掌握故事的發展。如果我讀得太慢，我會忘記前面的內容，所以我需要讀得快，藉以知道故事怎樣進展。似乎有太多字要放在一起，顯出意思，但我的腦袋沒有足夠空間將那些字整理成故事，以及記得足夠久，讓我跟隨著情節發展。

我就好像有一個雜湊的心，一小塊一小塊地閱讀，然後嘗試將它們放在一起。我的腦袋好像一個篩子，事實從小孔中跌出去。我需要閱讀得快，彷彿沒有耐性，正在趕忙一樣，防止那些事實從縫隙中掉走。那是令人疲倦的閱讀方式，我真的能夠明白我那些有癡呆症的朋友怎麼說他們忘記了自己的眼鏡，或者不再對閱讀感興趣。那是我們日常生活中另一個重大掙扎。寫作也是一樣——高度專注於每一個意念，很快地將它寫到紙上或輸入電腦，然後跳讀，將它變成連貫的整體。

我和一些國際癡呆症倡議及支持網絡的朋友分享我對閱讀的感受和掙扎。我說：「我可以閱讀一篇文章，將細小的部分放在一起，大致明白文章的意思。但要跟得上一本書的長故事的發展——特別是在翻到另一頁的時候——卻真的令我擔心，也是不可能的。我失去耐性，太焦急，失去了那情節。」

接著我描述自己閱讀簡單的書籍的一些策略和掙扎，以及我怎樣放棄閱讀索忍尼辛（Solzhenitsyn）的《古拉格羣島》（*Gulag Archipelago*）。來自美國的約翰寫道：「我對替故事發展做筆記，記錄誰是誰感到厭倦。每晚我閱讀了一點兒東西後都要這樣做。我乾脆放棄……你張貼的文章提到『我太忙，沒有時間閱讀』，對我來說是對的，那實際上是嘗試跟隨故事發展，重複閱讀同一頁書數次帶來的挫敗。」[28]簡說：「你能夠那麼輕易將這些思想用文字表達出來……我會嘗試你的做法。謝謝你的提示。」[29]

其後莫里斯的智慧啟發我繼續那掙扎。他寫道：「克莉絲汀，我希望你恢復閱讀《古拉格羣島》。索忍尼辛可以啟發我們在癡呆症的古拉格（蘇聯的囚牢）中生存下去（一天一次）……我的祕訣是跳讀，隨意地跳讀。」[30]

數字會都變成一團糟！

計數變成另一個障礙。我們掙扎著寫下數字，將它們排列起來，做簡單的算術。我們就是不能夠記得自己應該做甚麼。「八」實際上表示甚麼？說二乘二是甚麼意思？在你腦裏，二十減去七時有甚麼事情發生？

我將電話號碼寫下時，會將數字的次序攪亂，所以人們不能夠倚賴我抄下數字。我撥長途電話或手提電話等長號碼時會撥錯。我需要更長時間撥號碼，電話線路往往因而中斷。乘數字或嘗試操縱數字都沒有意思，我只能夠計算加減數，而即使這樣也要經過一番掙扎。但我不斷練習，繼續嘗試檢查我們的銀行結單，使用計算機，以維持某程度的能力。

孤立

對我們來說，孤立是一個真實的問題。我們很多人都感到，有些人甚至以為癡呆症是會傳染的！我們不再和很多朋友見面。人們現在似乎以不同的方式對待我們，因為他們知道我們患了癡呆症，感到不知所措。或許他們擔心我們說一些奇怪的話，或者做一些古怪的事情？我們往往感到人們注視著我們，以免我們做錯事。

患了癡呆症的人往往提到，朋友和親戚在他們得到確診後探訪他們一段時間，然後便不再到訪。一個人說：「我們思路中斷時，或者因為不夠快說出回答而突然回答時，他們便顯得不高興。」

但這也是照顧我們的人的問題。我聽過一位女士說：「我那麼忙於忙碌，記著兩個人的事情，在屋子周圍做各樣事情。我哪有時間和別人交往？朋友主動提出要幫助我，但他們實際上並不明白我的情況。」

有很多方法可以幫助我們

我認為，關於癡呆症，重要的是謹記，我們表現出來的病徵是幾件事情一起帶來的結果，有些事情是你可以應付的。首先是腦部病變，那損壞一天一天地發生。目前可以做的事情不多，除了血管性癡呆症。對於這個病，低劑量的阿士匹靈可能減低進一步損害的可能性。讓我們一起努力，鼓勵人們研究治療方法，以致有一天我們可以停止那損害。

其他影響我們對這腦部損害的反應，因而顯出癡呆症病徵的因素是我們的性格和我們生命的故事。很多疾病的情況都是這樣。我們的態度決定我們怎樣應付生命中的重大事件。癡呆症也是這樣。我們怎樣應付思想、記憶和生理功能變得愈來愈困難的掙扎，往往倚賴我們過去怎樣應付生命中的困難。在這方面，藉著以我們的力量為基礎，借助回憶，以及最重要的是，嘗試明白這個對我們功能的打擊是怎樣一回事，你可以給予我們幫助。

還有就是我們的環境。你可以做很多事情處理這個因素，無論我們是在家裏還是在護養院。我會在這節稍後討論這點。

我們應該藉著照片簿和生命的歷史，嘗試重燃和記起（這裏有一個反諷）我們的記憶。讓我們維持與朋友、書本、電影、教堂的連繫，以及任何給我們這些記憶的活動。我們也要創造新的事物。找些日子外出、旅行、從事園藝、運動、閱讀、分享時間——無論我們想做甚麼，只要想做便去做。我們也要記得那些事情，我們更近期的歷史和生命的故事。將攝影機放在方便取用的地方。

對那些一起生活了很多年的人來說，這並不容易，他們很可能被損失懾服。但生命並不是只有過去。*Carpe diem*，讓我們抓緊每一天——一起。即使我不記得今天，或者不知道今天是星期幾，也不要緊。只要我們一起好好享受每一天。

最後，在很多方面也是最重要的，是我們背後的靈性。這不單是我們可能實踐的宗教，而是甚麼給我們的生命意義。或許那是我們的花園、我們的藝術或我們的寵物。也可能是我們宗教那些熟悉的儀式。重要的是，在我們更深地走入我們存在的中心，走入我們的靈時，你要幫助我們重新和給我們意義的東西連結起來。

我們可以活在現在，珍惜每一刻，而感到自己周圍的平靜也是重要的。美麗的花園或大自然的喜悅可以捕捉這平靜，正如一個花蕾表達生命的所有潛力一樣。

得到正確的診斷

幫助我們的第一步是，確保我們得到正確的診斷，以及我們定期覆診。癡呆症有大約七十種成因。當然，很多都是頗為罕見的，但人們往往得到阿爾茨海默氏病的診斷，並假設他們會很快退化。而情況往往是這樣，因為病人開始抑鬱。考慮到那診斷的性質，這並不令人奇怪。抑鬱很好地模仿癡呆症——而對很多人來說，那診斷真的是結束的開始，自我實現的預言——初期的很多衰退都可能是由抑鬱造成。

但我們應該謹慎得多，並更願意明白腦部是相當個別的器官，每個人對腦部受損都有不同的反應。並非所有癡呆症都是阿爾茨海默氏病，阿爾茨海默氏病對患者的影響也並不相同。這是重要的，因為治療和管理都要根據那疾病而有分別。在診斷時，我們需要小心，鼓勵並提醒人們，他們是個別的人，應付任何疾病都有獨特的方式，尤其是這種疾病。

對額顳癡呆症的診斷，正如對萊維體癡呆症的診斷一樣，比實際情況為少。在比較年長的人中，人們往往只用阿爾茨海默氏病這個標籤。在較年輕的人中，情況則剛好相反。我認識一個人，最初醫生説她到了更年期(menopausal)，但她實際上是患了萊維體癡呆症。另一個朋友被告知患了帕金遜症(Parkinson's Disease)，但他在將錄音帶放入汽車音響系統時遇到的困難，實際上是因為認知問題，而不是肌肉控制方面的問題。

在我參加過的支持小組中，大家經常討論的一個問題是，本地的醫生對我們缺乏興趣和支持。我於二○○一年在本地的醫學聯會的辦公室發表了一個演講。那是由阿爾茨海默氏病協會舉辦的。他們準備得很好，在宣傳、小食、專業錄影和講員安排上都做得很好，但卻沒有參加者。沒有任何醫生出席那個黃昏的演講，所以我對着錄影鏡頭說話。這深刻和有力地提醒我們，本地的醫生有甚麼問題。

我們的醫生對癡呆症的早期徵狀需要十分警覺，也需要熟悉最新的治療方法。小心評估病人，由他們的醫生將他們轉介給專科醫生都是重要的。專科醫生可以每三至六個月跟進一次，直至得出更確定的診斷。然後便每隔六個月到一年覆診一次。

如果我只是接受了阿爾茨海默氏病這個最初的診斷，我肯定會變得很抑鬱，然後被送進護養院——在那裏繼續抑鬱。如果醫生沒有給我處方，情況會怎樣？我在最初的診斷後一直都覆診，那結果是那麼意外，實在令人頗為驚訝。我相信這很大程度上是因為我的神經科醫生的態度，他將我當為一個個體看待，相信我對腦部受損有獨特的反應。我也有一位細心和有條理的本地醫生，他很快便將我轉介給那位神經科醫生。現在我又有幸有一位真的很好的本地醫生，他定期評估我的功能和藥物，轉介我每年接受檢查。

延遲治療等如不給予治療

一旦診斷出患了癡呆症，便應該開始給予治療和支持。為甚麼我們當中很多人都得不到治療？人們往往只是告訴我們那「癡呆症對白」，說我們會退化，然後死亡，沒有給我們任何盼望。被診斷出患了癡呆症後仍然有盼望。我們可以積極地生活。

應該在診斷後盡快給予病人好像膽鹼酯酶抑制劑(cholinesterase inhibitors)等抗癡呆症藥物。這些藥物有助剩餘的部分運作得更好，但卻不能停止那損害。盡快服藥是很重要的，因為我們喪失的功能並不容易重新取得。延遲治療差不多等於不給予治療，因為我們會永久喪失功能。藥物可以在至少六個月至一年內穩定我們的病徵，有些情況甚至可以維持很長的時間，給我們寶貴的時間，在仍然能夠做很多事情時，在家裏好好享受。藥物不會令我們活得長久一點，但卻可以令我們不用太快進入護養院。

二○○○年八月對我來說是相當可怕的時間。那時我直接由服食最大劑量的他克林轉而服食十毫克的多奈哌齊(Donepazil；安理申〔Aricept〕)。兩種都是抗癡呆症藥物，但卻以不同的方式發揮功效。在適應的那一個月，我感到很難受，我用文字將我的掙扎告訴國際癡呆症倡議及支持網絡的朋友：

> 謝謝你們每一位給我的支持。我現在正處於「低潮」。我的腦袋好像塞了一大團棉花，我雙眼感到腫脹和疲倦，我雙腿好像鉛那麼重。我嘗試適應由星期六開始以多奈哌齊(十毫克)代替一百六十毫克的他克林。我已經服食了他克林五年。我希望我可以很快便回復正常。[31]

那需要一些時間，但我確實能夠回復正常，我最終能夠從混亂中回復某程度的功能，讓我可以享受每一天。多奈哌齊和之前的他克林對我的生命質素帶來很大的改變，令我能夠儘量發揮我的潛能。現在我也服食憶必佳(Ebixa；美金剛〔Memantine〕)。如果沒有這些藥物，我就會好像在霧中思想，在睡夢中行走一樣。

如果沒有這些藥物，我便不能夠說話或書寫，更不要說撰寫這本書了！我會相當遲鈍、疲倦和混亂。有了我所說的「充電器」，只要我不在任何壓力之下，便能夠享受一整天。那些藥物提高我腦中乙醯膽鹼這種化學信使的水平，讓信息有更大機會到達我的腦部。它們不能停止腦部的損害，不能治療那疾病，但如果沒有它們，我會好像發條鬆開，不再能夠說話、思想或做事。

對很多人來說，這些藥物有助日常的運作，令頭腦更清晰，活動變得更容易——甚至睡眠也大為改善。一位我認識的女士服食了多奈哌齊幾天後，留意到這些改變，我們也確實留意到她更能夠使用日記和日曆令自己的生活有條理。我們到她家裏接她到支持小組時，她在家裏，而不是帶狗隻到那面散步，但卻完全忘記了那個小組的聚會。

如果合適，病人也應該服食其他藥物，特別是治療抑鬱和血管疾病的藥物。我們也需要認識一些另類藥物，例如維他命E和C、卵磷脂(lecithin)和銀杏(gingko biloba)，這些藥物證明對應付腦部受損是有幫助的。

嘗試明白我們面對多大困難

要記得我們的古怪行為和記憶方面的困難是身體疾病的結果。癡呆症患者的丈夫和妻子說：「她或他似乎不想做任何事情，似乎沒有十分努力嘗試，顯得笨拙或難相處，只是看電視，沒有做園藝，只是閒著，和以前不同。」他們提出各種負面的評語。我們嘗試提醒他們，他們所愛的人正在十分努力嘗試，只是你看不見他們要在失去了那些部分的情況下應付事物。

我們說：「如果他們缺少一條手臂或一條腿，你會因為他們應付那缺乏的能力而感到自豪，而他們正那麼努力地嘗試應付，應該因為他們的努力而得到稱讚。要明白他們每天單單活著也要付出多大努力，明白這身體上的損壞怎樣帶來你看到的問題都並不容易。」

我問癡呆症患者，家人是否知道他們多麼努力地嘗試時，他們說：「不，因為你看來是正常的，但實際上卻不是。過每一天也是真實的掙扎。」我問他們家人是否真的明白時，他們的回應是：「不，他們並不明白。他們以為我不夠努力嘗試。有時他們對我期望過高，有時則不讓我做我能夠做的事情。我不能夠選擇自己能夠或不能夠做甚麼。有時走開比和他們爭論我能夠做甚麼更容易。」

最重要的是，請記得我們是個別的人。我們患有癡呆症，你看不見那損害，所以你不知道那是怎樣的。不要有太多假設。按我們的外表接受我們，首先和首要地將我們當為人，而不是疾病來看待。然後幫助我們繼續完全實現我們的潛能。

珍惜我們，給我們尊嚴

你怎樣和我們交往，對那疾病的發展有很大影響。你可以恢復我們的人格，給我們自己得到需要和珍惜的感覺。祖魯族 (Zulu) 的一句話是十分真實的：「一個人是透過別人成為一個人。」[32]給我們重新肯定、擁抱、支持、生命中的意義。為我們仍然能夠做的事情和成為的人而珍惜我們，確保我們維持社交網絡。我們很難和以前一樣，所以請讓我們成為現在的我們——並明白我們盡了多大努力令自己能夠運作。如果你可以看到我們頭腦內的損壞，你會因為我們雖然腦部缺少了那些部分，但仍然能夠應付而感到驚訝。

讓我們參與社區組織的活動，特別是那些關於癡呆症的活動。我們是否你們的委員會、董事會、研討會安排小組等組織的成員？和患了其他疾病的人不同，我們似乎被排除在積極參與應付我們的需要的活動之外。

我收到華盛頓 (Washington, D.C.) 喬治城大學 (Georgetown University) 斯蒂文．薩瓦特 (Steven Sabat) 教授的電郵，感到很鼓舞。他寫道癡呆症患者可以怎樣積極參與研究過程，而不單是作為研究對象。[33]他在自己的論文中寫道：「幫助阿爾茨海默氏病患者建立有價值、得到珍惜的社會面貌的其中一個方法是，讓這樣的人參與研究，成為合作人。這樣的人有很多種……透過這些研究的努力，我們可能找到一些方法，不單為阿爾茨海默氏病患者提供另一個方法建立有價值、得到珍惜的社會身分，也可以對阿爾茨海默氏病的本質和它的認知及社會影響，發掘出新的知識和視角。」

想到我們缺乏說話能力也是重要的。這樣以甚麼方式限制你珍惜我們，給我們尊嚴和個人空間。我知道當我不再能夠說話時，我會頗容易變得暴戾。人們要你做你不想做的事情，你卻不能夠說：「不，謝謝你。」所以你能夠做的只是推開他們，因為他們想替你沐浴或穿衣服，或者給你吃你不喜歡的食物。

我們需要和你們一樣有選擇權，雖然我們不能夠清楚告訴你們我們想有甚麼選擇。我們也不應該被迫採納一種只適合護養院，或者你們認為我們應該有的行為模式。請將我們當為個別的人，而不單是接受照顧的人。

有幾次我在演講後，有人問我：「如果那人早上不想將睡衣換掉，我應該怎樣做？」我通常回答：「你在星期日上午做甚麼？你是不是總是穿著整齊？你不是有時還想回到牀上？或者穿著睡衣在屋裏走嗎？他仍然穿著睡衣真的有問題嗎？」

世界運行得比我們快得多，它在飛快地移動，而人們卻要求我們做一些事情，給予回應，玩遊戲，或者參與集體活動。那實在太快了，我們想說：「走吧，放慢下來，不要煩我，只是走開吧」，或許那時我們便變得難相處，而不是好好與別人合作。

這叫做「挑戰性行為」。唔，我相信這是「適應性行為」，我在適應那照顧的環境。你想我沐浴時，我將你推開，或者因為不喜歡那食物而將它吐出來，或者因為忘記廁所在哪裏而去錯了廁所，或者因為不知道自己的房間在哪裏而去錯別人的房間。請在我們熟悉的時間替我們沐浴或洗澡。請找出我們喜歡吃甚麼食物。請讓我們清楚看到廁所。如果我們不再能夠閱讀數字，請以獨特的符號或圖畫，對我們來說是特別的東西，例如我的貓兒或我喜歡的花朵的照片，標示我們的房間。

如果照顧的環境以人和他們的需要為焦點，便毋須有所謂「挑戰性」行為出現。

尋找幫助和支持

人腦在一生的經驗中的多種不同環境中發展，所以在面對內部破壞時，都有獨特的應付機制。與認知的衰退和混亂的最初搏鬥，以及接著癡呆症的診斷，是災難性的個人經驗。但這是在社會環境中發生——在我們的家庭，在我們的羣體，在我們所有社會關係中發生；也是以我們過去的態度和行為，以及我們生命的故事為背景發生的經驗。

我們每個人都那麼獨特，腦部的損害也會根據我們的環境和歷史，對我們產生不同的影響。我們喪失我們的認知能力時，我們承受壓力的能力降低了，我們更多地根據自己深層的情緒和過去的期望作出反應。我們在和這衰退搏鬥，以及愈來愈沒有能力應付它時，需要很多幫助和支持。

資料和幫助

開始時，資料是重要的，也能夠給我們力量。告訴我們關於那診斷的事情，人們對這病的認識是多麼少，以及我們每個人是多麼獨特。轉介我們到本地的阿爾茨海默氏病協會，讓我們得到關於癡呆症的資料，並得到支持。為我們提供幫助的單張。我們需要明白這種疾病的性質，它怎樣和我們一樣獨特，以及我們能夠做很多事情幫助自己。

我們在家裏往往需要幫助，特別如果我們是獨居的話——我們也確實希望儘量維持獨立的能力。首先，我們需要取得交通工具——不是複雜的公共交通系統，在其中我們會感到混亂和迷失；而是載我們乘坐私家車、計程車或公共汽車。

幫助我們計劃將來

根據我的經驗，癡呆症患者一個主要問題是成為家人的負累，他們希望談論將來的照顧問題，例如法律和葬禮安排。不幸的是，他們往往感到自己不能夠談論這些事情，因為這樣可能令家人感到難過。

坎培拉阿爾茨海默氏病協會的總幹事米雪為患者家人舉行工作坊時，有十個家庭參加。其中七個家庭回到家裏後討論將來的照顧安排，找住宿設施，立遺囑，甚至討論他們想有怎樣的葬禮。

後來，一位丈夫在妻子差不多要接受住宿照顧時，感謝米雪給他和妻子「准許」，讓他們在他妻子仍然有能力時討論這些非常重要和敏感的課題。他對自己的決定感到安心，因為他知道是他和妻子一起計劃這一天。

在診斷後盡快給我們法律援助，因為我們患了絕症，需要將自己的事務整理好。我安排了持續有效的法律文件，令我感到安心。這份文件，或者活著的遺囑或預早的指示，容許我們對自己的將來行使自己的選擇。它也可以就我們的財政問題給我們保證。

不過，知道自己有一天可能會失去閱讀、書寫和使用數字的能力，當然會令我們感到沮喪。對我們當中一些人來說，這在患病很早期便出現；但對另一些人來說，則可能遲很多才出現。

重要的是，我們需要被當為在法律上有能力的人，直至或除非有至少兩名醫生小心評估過我們，提出其他建議為止。我們「在被證明有罪前都是無辜的」。在證實我們並非擁有完全的能力前，我們仍然有這種能力。我們都是個別的人，有不同的疾病模式，必須相應地得到評估。

情感支持

在我們的身分危機和支離破碎中，我們需要你們承認我們是誰，聆聽我們的情感和痛苦，將我們當為有價值和尊嚴，配受到尊重的人看待。要與對將來衰退的恐懼共存，是十分可怕的事情。那是會自我實現的咒詛。對癡呆症患者來說，將來顯得渺茫——那不單顯得渺茫，實際上就是渺茫。所以我認為不給我們幫助，讓我們應付自己在患病過程中經歷的各種情緒，是錯誤的。

在得到我認為是任何人能夠得到的最糟診斷後，我們需要我們能夠得到的所有支持。在診斷前，病人擔心自己會變瘋。隨著他們的行為轉差，他們和家人的關係可能有更大張力——但家人對他們的期望仍然沒有改變。病人感到有壓力、疲倦，並對自己有甚麼問題感到疑惑。診斷本身可能帶來很大的釋放——畢竟他們並沒有變瘋。他們的家人突然明白，他們的困難都是有原因的。但那仍然是危機。這是可怕和可怖的診斷，也令人感到羞恥。

接著，那病人開始經歷憤怒、懷疑、挫敗、焦慮、憂愁、無望、無助和自責。有些人經歷否定，作為應付診斷帶來的危機的方法——那不可能是真的！

哀傷是對癡呆症其中一個最初和最常見的反應，哀傷是為了預期自我會失去。對這哀傷的反應可能被誤會為癡呆症的病徵，不過，以下這些都是對損失的正常反應：憂愁、憤怒、焦慮、倦怠、無助和震驚、不信、混亂和被對那疾病的思想充斥、睡眠受到干擾、胃口改變、心不在焉、社會性退縮和哭泣。

怎樣強調也不算過分的是，在癡呆症中出現的損失是複雜、令人懾服、往往模糊和漸進，但卻不規則的。我們需要哀傷很多次，因為每次損失對我們來說都變得明顯。要持續經歷損失和哀傷實在很難忍受。

很多時都會出現抑鬱，包括失去自尊，一切都感到可憐和空虛。對前面有甚麼事情發生感到恐懼。當個人被根據痴呆症的醫學模型的方式治療，預後是認知無可避免地衰退，直至死亡時，情況尤其是這樣。

抑鬱可能引致「過度的無能」，除了疾病本身有的問題外，更帶來認知和記憶方面的困難。那是癡呆症很了不起的偽裝，需要加以治療，令個人不會經歷過度的無能，變得更恐懼和迷惑，進入癡呆症的病徵和抑鬱一直惡化的階段。

否認是對哀傷的正常反應，但對癡呆症患者來說，這往往被視為「缺乏洞見」。那些處於否認狀態的人，往往沒有那麼焦慮和抑鬱，所以這可能是對功能衰退引致的哀傷的一種適應性反應。例如：如果我認為自己沒有甚麼不妥，不理會自己的感受，便沒有甚麼需要處理，沒有甚麼需要為之而焦慮，沒有甚麼需要為之而抑鬱。

隨著疾病發展下去，焦慮和恐懼變得更普遍，精神病徵狀也開始出現。在初期階段，我們可能可以用自己較早時學懂的技巧應付功能衰退和迷惑帶來的焦慮，但最終我們內在的資源並不足以應付，焦慮會以「災難性反應」的形式表達出來。人們往往稱這種生理行為為「挑戰性」，但通常它是我們表達自己的焦慮和感受，以及我們因為照顧我們的環境而經歷到的沮喪的惟一途徑。

妄想和幻覺可能在癡呆症的過程中出現。但同樣，讓我們不要太快運用醫學取向，將這些精神病反應好像在精神病人身上那樣治療。它們實際上可能是當癡呆症患者努力要解釋他們經驗的世界，而隨著癡呆症發展下去，這世界變得愈來愈混亂時的另一種適應性反應。他們的環境能否被變得更簡單、更安全、更舒適和較不令人沮喪？

由於我們的記憶困難，我們只能間歇性接收你說的話，我們也害怕不能控制一切。因此，對發生在我們周圍的事情，偏執狂和精神病可能是完全合乎邏輯的反應。我們錯誤解釋環境，嘗試在其中找到意義，以恢復我們對秩序的感覺。

關鍵的問題是：對被診斷為患了癡呆症，開始沿著這條受困擾的情感和行為的路走的人，可以做甚麼？藥物對抑鬱症當然有用，但精神科藥物對被委婉地稱為「挑戰性行為」的表現是否有用，則仍然沒有定論。它們最多只有輕微效用。

為我們提供專門的輔導，如果我們喜歡參加支持小組，也為我們提供這類活動。我們也可以使用「網絡空間」，好像國際癡呆症倡議及支持網絡，我們在感到喜歡、不想公開或受到對質，只想透過電腦私下與別人分享自己的感受時，可以有社交活動。這些羣體可以給我們環境，讓自己感到正常，不再需要隱藏我們患有癡呆症這事實。我們需要知道並非只有自己才有這感受。如果沒有這樣的小組，便幫忙建立一個吧！

我們需要情感的支持，特別是在得到診斷後。聆聽我們的憤怒和哀傷，幫助我們處理來自過去的情緒問題，以及我們為了將來會失去的東西而產生的哀傷。

加力及盼望

不要假定我們抑鬱，只是因為我們不如以往那樣活躍。癡呆症患者往往說自己不是抑鬱，但家人卻認為他們有這個問題。這是不是因為照顧者自己感到抑鬱？而如果他們抑鬱，他們的丈夫、妻子、母親、父親一定也是抑鬱？還是他們不明白，癡呆症患者需要時間休息，不能維持以前的參與程度。一個家人這樣說：「他只是坐著，凝視空氣。」這是抑鬱，還是需要替自己的電池充電？或許人們很難明白為甚麼自己以前認識那個有活力、精力充沛的人，不再像以往那樣積極參與周圍發生的事情。

在很多方面，癡呆症和診斷出患了這種病的經驗都好像長期性創傷（chronic trauma），我們的感受也相似——無力及與別人分離。長期性創傷的結果往往是創傷後壓力紊亂（post-traumatic stress disorder），特徵是退縮、麻木、冷淡、煩躁、情感爆發和記憶及注意力受損。

如果癡呆症患者因為創傷後壓力紊亂而有過度無能，或許可以幫助他們克服部分這些反應。我在二〇〇一年寫的一篇文章中發展出這個思想，[34]建議治療策略應該以加力為目標，鼓勵患者建立關係，恢復信任、自主、主動、能幹、身分和親密的能力。

莫里斯在二〇〇一年初一封給國際癡呆症倡議及支持網絡的電郵中同意我的見解，他說：「創傷後壓力紊亂由可怕經驗或正常人類經驗以外的災難引致。有漸進、不能醫治、令人癡呆的絕症，加上被診斷出患上這病，肯定符合引致創傷後壓力紊亂的條件。」[35]

我認為幫助我們應付帶著癡呆症活著而來的創傷的關鍵是給我們盼望。讓我們知道自己是獨特的，有自己的內在資源。我們有自己的生命故事，那故事講述我們過去怎樣應付問題。這影響我們今天可以怎樣應付困難。我們可以嘗試發掘身為癡呆症患者及其診斷的倖存者這個身分。最重要的是，鼓勵我們積極，在一起摘星時，在慢線中盼望有新的生命。

運用，否則便會喪失

我們需要專注於提升我們剩餘的能力，補償任何損失，甚至可能朝新視角努力，敢於嘗試重獲技能，發展新的才能，以及創造新的將來，是有意義和盼望的。

莫里斯在對癡呆症患者的復康建議中開創了先河。[36]他建議我們首先需要有盼望，藉以克服那創傷，然後面對那疾病的為甚麼。接著我們需要思想自己仍然有甚麼能力，以好像兒童玩遊戲的態度投入困難，在學習過程中每次只走一步，堅持進行任務，從那裏開始。他說重要的是，我們確證自己，透過重複鞏固成就，並期待以休息作為報酬。

對癡呆症來說，「運用，否則便會喪失」這個口號是十分真實的。如果我們停止做事情，便會很快忘記這些任務。但腦部是資源豐富的器官。永遠不要低估它找其他方法做事情的能力。

要確保我們不放棄，但不要給我們太大壓力。我們很容易疲倦，需要做簡單的任務，令我們對自己有良好的感覺。給我們時間和空間，嘗試繼續盡我們所能地做事。除非必要，否則不要從我們手中接手那些工作。讓我們犯錯或失敗，但不要讓我們感到自己是失敗者。鼓勵我們，令我們覺得自己有價值，仍然有用和得到珍惜。

有沒有某些方法，是你可以幫助我們繼續至少做一些普通的雜務？或許在周圍加上一些標記、一些顏色記號燈及其他開關，每天列出做每一個任務的步驟。不要為我們做所有事情——我們肯定仍然能夠做一些有用的事情。

我們需要別人幫助我們令生命保持有組織，提醒我們日常的活動，協助我們購物、煮食、清潔、穿衣服、沐浴等。但我們不能夠提出所有這些要求。我們不知道自己有這些需要。請簡單和清楚地給我們資料，不要給我們太多選擇，並鼓勵我們好像正常人那樣運作。幫助我們在生命的細小範圍裏作出選擇，讓我們感到自己控制著一切，不是被催迫做任何事情。

可以給我們一本記事簿，或者只是每天要做的事情的簡短清單。我的支持小組有一位朋友，他的衣櫃釘著一張海報，所以他醒來最先看到的便是那張海報。海報上面寫著：「起來，洗臉，刮鬍子，使用除臭劑，穿衣服。」這張海報提醒他自己在哪裏，需要做甚麼。幫助我們分配每天的活動，提醒我們當天的活動，讓我們感受到那日子和星期，並記得我們昨天或上星期做過甚麼。即使我們不再能夠閱讀，你也可以告訴我們每天有甚麼活動。

或許可以想出一些「腦部健身」——閱讀兒童書籍、雜誌，特別是在初期，讓我們能夠保持這些能力。我們可能想看問答節目，閱讀報紙，玩紙板遊戲或填字遊戲。我們可能想做手工藝、縫紉或藝術品。或許我們寧願在涼快的秋天中散步，或者嗅和觸摸美麗的花朵，甚至享受按摩和香薰治療帶來的鬆弛。

或許哥爾夫球會可以安排一個人和我們玩一局哥爾夫球，記錄我們的分數和找尋我們的球！我認識幾位熱愛哥爾夫球的人，他們患了癡呆症後，以前和他們一起玩哥爾夫球的朋友不再歡迎他們，因為他們不再能夠準確記錄自己的分數。但他們透過阿爾茨海默氏病協會得到一位義工陪伴後，感到很高興。

另一個想法是幫助我們建立自己的生命故事，以照片、名片、喜歡的食物等，讓我們可以享受重拾記憶，並在我們的疾病發展下去時可以得到資源。

但這一切的關鍵必須是儘量運用我們有限的精力。請不要嘗試令我們做太多事情，或者我們能力以外的事情。例如：考驗我們是否知道日期，究竟有甚麼用？這會令我們不安地察覺到自己不能夠做甚麼。我們需要的是少數經過挑選的活動，幫助我們感到自己仍然能夠成就一些事情，是令我們能夠享受，又對我們有意義的。

或許只有一件事情是我們真的每天都喜歡做時，為甚麼要以大量活動令我們疲累？一件會為生命帶來改變的事情，或許也能夠改變別人的生命。找出我們真正的優先次序，然後藉著幫助我們做各種其他事情，讓我們可以專注於我們想做的那件事，從而管理我們的生命。

保羅做很多家務，例如煮食、洗衣服、購物、計劃和幫助寫下每天要做的事情。他也在癡呆症小組、教會活動和其他我們參與的事情中代表我們。現在保羅接受了計劃、組織和回應要求、跟進通信，以及減低我在癡呆症範疇中的活動這些擔子。我要求他做這些事情，藉以避免我在不能睡覺，呼叫或哭泣，感到不能應付最簡單的查詢時那災難性的壓力反應。

我嘗試花時間和女兒一起，聆聽她們，分享她們生命中的重要時刻，以及嘗試和國際癡呆症倡議及支持網絡的朋友保持聯絡，並且盡這最後努力分享我的癡呆症旅程。保羅給我自由，將我有限的精力集中在對我真正重要的事情上。

莫里斯在與國際癡呆症倡議及支持網絡分享時很清楚地表達這一點：「我喜歡指出的一點是『選擇你的戰場』……〔我們〕可以好好地發揮功能，因為我們對疲倦十分在意和尊重。人們往往單單建議我們動腦筋，而患者將寶貴的資源浪費在填字遊戲或閒談中，而不是思想有用的觀念上。」[37]

在這旅程中，我們可以學習新事物，專注於真正重要的事情，以及能夠給我們有意義和自我價值這種感覺的事情。我和患了癡呆症的朋友談及這事，問他們能否從癡呆症的診斷中找到任何正面的事情。有些人談到有時間和家人或動物一起，另一些人則談到能夠接受新挑戰，以及關係得到醫治。

在克賴斯特徹奇，我們圍坐在一起，來自澳洲的弗朗克．德賴斯代爾（Frank Drysdale）分享他怎樣從神那裏得到靈感，建立了Numero這種遊戲，完成了這個遊戲的觀念和規則，令我們感到他實在了不起。[38]那在世界各地的教育界中都是很大的成功。收益捐了給西澳洲的阿爾茨海默氏病協會。神可以給我們恩賜，我們需要加以運用，即使我們患了癡呆症。或許我們也可以以微小的方式幫助別人。

我學懂怎樣在演講中使用簡報圖形軟件，因此感到有很大的成就感。那花了我很長時間，我的使用也受到限制，但我對自己有良好的感覺。那也是很好的工具，可以用來以視覺及文字，在其他語言和文化中傳達帶著癡呆症生活是怎樣的。那是我可以指出帶著癡呆症生活的一個正面結果。

這一切在使用電腦方面的努力，嘗試繼續閱讀，保持思想的活躍——有點像我是一個「腦部運動員」，做這一切運動。我以很大的努力維持自己腦部的運作。或許有點像輪椅運動員，我感到自己有一個肌肉發達、一百一十五歲的腦袋。那抗癡呆症藥物以一種化學傳訊物籠罩我的腦部，令所有訊息都更活躍，所以可以稱為「腦部的類固醇」。

但當然，我不能一直都維持這種努力。有些日子我說：「實在太艱難了。為甚麼我不能忘記一切，忘記服藥丸，只留在家裏休息！」我發覺每天都是一場掙扎。我肯定運動員也有這種感覺，想放棄。然後我想到自己在日間護理中心和護養院看到的癡呆症患者，以及他們因為不能夠告訴別人自己的世界是怎樣而有的掙扎，所以我便繼續下去，每次多活一天，嘗試分擔那對我們是怎樣的。

和我們溝通

觸摸我們的情感和心靈

隨著我們變得更情緒化，認知能力較低，我們會記得的是你怎樣和我們說話，而不是你說甚麼。我們知道那感情，但不知道那情節。你的微笑，你的大笑，和你的觸摸都是我們能夠感受到的。同情有治療作用。只需要按我們的本相愛我們。探訪我們，如果你不知道應該說甚麼，便單單和我們一起。我們需要你的同在，你和我們分享感受，多於言語。我們仍然在這裏，有感情和靈，只要你能夠找到我們！

我們需要你細心聆聽，因為我們不能夠重複自己的話。我們掙扎著說話，我們說出來的話往往相當混亂，語法和句法都不正確。請嘗試明白我們嘗試傳遞的感受。得到聆聽、得到別人聽我們說話，會令我們感到自己得到珍惜，和你有關係。這是我們應付破碎的思想和碎裂的自我時所需要的。

每次只做一件事

我的運作方式和你不同，需要不同的互動，是較慢和更有意義的。人們希望忙碌，說話說得很快，要求回應，但我不能應付這一切。我需要寧靜、平靜的環境，沒有視覺或聽覺的騷擾，才能夠聽到你說甚麼，並向你說話。

我不能專注於你說的話，會感到疑惑，所以我需要安靜的時間恢復我的精力。和我談話時，請不要播音樂或開著電視。如果電視開著，請先將它調校為靜音才和我們談話。我們不會發覺我們需要你這樣做，甚至可能會抱怨。但通常一個聲音來源已經足夠！

和我們建立聯繫

雖然我們不能夠很好地表達自己，但這並不表示我們沒有話說。由於我們的思想和言語雜亂和混亂，你需要有良好的聆聽技巧，專注於非言語的提示。根據環境理解我們說的話，因為那些字和它們的次序都可能是錯的。嘗試找出那些字背後的意思，因為我們在時態、用詞和語法方面都會犯錯。但我們肯定希望你在我們掙扎著找出適當的字和句子時，幫助我們填補那些空隙。不要糾正我們，只需要嘗試明白我們想表達的意思。

不要干擾我們的思路，但有一個觀念來到我們腦海中時，讓我們干擾你，因為如果我們等候，那個觀念便會消失。嘗試反射性聆聽這種技巧，將我們對你說的話向我們重複，但不是完全相同地重複，而是重複我們嘗試表達的意思。這有助確定你明白我們的真正意思，也幫助我們感到自己真的得到聆聽。

給我們時間說話，等候我們找到我們想用的詞，如果我們失去了我們想表達的思路，不要令我們感到尷尬。我們最近為癡呆症患者開始一個咖啡小組，用來代替日間護理中心。我記得一位朋友喬治(不是他的真名)，他有點猶疑地走進這個小組聚會的房間。他的妻子十分擔心他不能應付一個「談話小組」，因為他明顯不能夠再和別人溝通，可能會對這個小組感到失望。

我們一邊喝咖啡吃餅乾，一邊天南地北地交談。不久我發覺喬治坐得稍前一點，咀唇在顫動，似乎想說甚麼。於是我請其他人暫時停下來，並且說：「喬治似乎想告訴我們一些事情。說吧，沒有問題的，你有很多時間。我們知道嘗試找到合適的字眼是怎樣的。」我們安靜地坐了一會，讓喬治整理自己的思想，然後慢慢開始說話。我們不時停止說話，給喬治空間說話給別人聽。

他的妻子來接他，走到車子那裏，幫助他登上車子，然後衝回我們的房間。她用力擁抱我，感到很高興。喬治告訴她自己很享受那個早上，自從那次開始，他參加了小組幾次，然後到他以前不想去的日間護理中心。或許我們幫助他感到不那麼孤單，更得到接納，並准許他感到尋找詞語是困難和混亂的。

嘗試避免提出直接的問題，這可能令我們緊張或感到很不自在。問題也令我們因為失去即時回應的能力而感到有壓力。如果我們忘記了一些最近發生的特別事情，不要假設我們不享受那些事情。只需要稍為提醒我們——我們可能只是暫時忘記。即使我們永遠都記不起，對那事件的記憶肯定不是重要的——真正重要的是我們當時的經驗。

最好是看著我們，確保和我們有眼神接觸，我們從一開始便留意著你說的話。要清楚地說話，不要說得太快。減慢你說話的速度，讓我們能夠跟得上，因為我們在接收和理解方面會有空隙——你說得愈快，我們便會錯失愈多。不要向我們呼喊——問題往往不在於我們的聽覺，而是我們的理解。呼喊只會令我們分心——對我來說，那就好像你在敲打我的頭，令我裏面感到更混亂。

最重要的是，不要迫我們接受某些事物，因為我們的思想和言語都不會快得足以讓你知道我們是否同意。嘗試給我們時間回應——讓你知道我們是否真的想做那件事情。被迫接受一些事情令我們苦惱或具侵略性，甚至恐懼。

我們這樣和你溝通時，看我們行為背後的意思。你可以進入我們的現實中，接受更多感情和感受，在我們的認知失敗，抑制減低時，在這個層面和我們聯繫。

觸摸我們，和我們聯繫，可能會有幫助。我們很多人都可能不喜歡被自己不認識的人觸摸，但卻感到被自己認識的人觸摸有治療作用。輕撫是觸摸的重要部分，我感到以觸摸和輕撫，以及被觸摸來與別人聯繫是很好的。

在日本時，我到訪松江一個日間護理中心，跪在每一個人面前，握著他們的手，望著他們的眼睛，靜靜地和他們說話，實在很好。即使那位不能說話，也看不見的女士，也緊握著我的手，承認我的同在。她以那個方式和我溝通。

觀察我們是知道我們向你說甚麼的關鍵。我們的大部分溝通都是非言語的。我們的臉部表情，我們的手勢，以及我們嘗試和你溝通的環境全都是重要的。我們不再能夠說話時，你怎會知道我們感到痛苦？如果我耳痛，但卻不能告訴你，那又怎樣呢？我藉著看我的貓兒的行為，可以知道牠甚麼時候耳朵痛——牠可能會搖頭，將頭側向一邊，並顯得很淒慘。關於牠的耳痛，牠已將我需要知道的一切都「告訴」了我。

戈德史密斯（Goldsmith）很好地總結了怎樣改進與癡呆症患者的溝通：

- 提供舒適的環境
- 安靜、給予鼓勵和放鬆
- 在對方視線範圍內走近他們，說出自己是誰，將眼神接觸保持在同一水平
- 如果對方接受，可以觸摸他們
- 簡單和緩慢但尊重地說話
- 給他們時間

- 作好的聆聽者，容許暫停，並找尋話語背後的意思
- 用沒有雙重信息的短句
- 可能時以好像照片等輔助物說明你說的話
- 嘗試跟上他們說的話，不要糾正他們的錯誤，不要取笑不恰當的回應
- 適當時給予讚賞
- 不要因為對方流露感情而感到尷尬。[39]

帶著恥辱生活

盡你所能防止癡呆症的恥辱。我們癡呆症患者的病為我們帶來兩個重擔。第一個是和疾病本身搏鬥。第二個是和我所說的「社會的疾病」戰鬥。癡呆症，以及稱為阿爾茨海默氏病的癡呆症既是個人的疾病，也同樣是社會的疾病。

澳洲前總統夫人黑茲爾．霍克（Hazel Hawke）被診斷出患上阿爾茨海默氏病。她說：「對患者來說，嘲笑帶來十分大的傷害，而且也沒有任何用處……阿爾茨海默氏病……是一種羞恥，令人尷尬，你正失去你的理智。」[40]

恥辱是社會問題，以標籤和缺乏諒解，將世界分為兩個可見的領域：癡呆症患者和「正常人」。這是我們面對的恥辱，圍繞癡呆症的成見和神話保持一種態度，將我們孤立，分隔在癡呆症的四堵牆壁內。

在這個由恥辱築起的牆壁未拆除前，人們不會尋求幫助，甚至不會尋求診斷，並會拒絕可以給他們的治療和支持。帶著癡呆症生活，我們需要沒有恥辱，感到自己受到尊重和加力，知道我們可以在慢線過新生活。

我發覺我閱讀詹姆斯·達德利(James Dudley)一本描述弱智人士面對的困難的書籍時，可以很容易用癡呆症這個詞取代「智障」。[41]我們也「活在社會交往的複雜網絡中，這些交往都受到恥辱污染……對我們的存在，就好像種族主義一樣普遍。」

我們的世界被我們疾病的恥辱圍繞。我們想退入羞恥中，不想「出來」告訴別人我們的診斷。我們當中有些人否認有任何問題，家人也是這樣，這並不令人驚訝。假裝正常比面對癡呆症的挑戰更好。

如果我確實相信關於癡呆症的謊言，相信自己不能夠學習新事物，不能夠可靠地記憶任何事情，會迷路，便是看不到自己的潛力。我們退到無助中，讓家人接手一切。我們的內在世界一片混亂，我們因為預期會失去自我而哀傷。我們在嘗試接受失去自己和別人時，可能被焦慮、憤怒、憂愁、疲累、震驚、無助和麻木等感受淹沒。

請不要稱我們為「癡呆者」——我們仍然是和我們的疾病分開的人，我們只是腦部患病。如果我患了癌症，你不會稱我們「患癌者」，對嗎？

我們的標籤似乎有很多意思——我是患有阿爾茨海默氏病或額顳癡呆症，還是只是患有「癡呆症」的人？所有這些詞語都將我們標籤為羣體中沒有能力、不可靠的成員。以某種方式將我們和那疾病分開又怎樣呢？記得我們是腦部持續受損的人又怎樣呢？

要十分提防歧視癡呆症患者。將我們當正常人看待，我們在場時，永遠不要以第三身來談論我們。不要批評、挑錯處或取笑我們，談話時也不要當我們不存在，更不要為我們做所有事情。要尊重我們，明白我們正多麼努力嘗試應付。

不要以那疾病的不同階段將我們分類。在個人層面，這是沒有意義的。我們的皮質（cortex）是根據我們獨特的學習和經驗構成，所以我們對自己腦部任何地方受損的反應都不同。我們需要別人將我們當為個別的人，有獨特能力的人來看待。

請專注於我們的能力而不是我們的缺陷。將我們當為人，而不是統計數字來看待，將我們包含到生命中。幫助我們繼續我們喜歡的活動——任何有助我們感到自己得到珍惜、欣賞和仍然是社會一部分的活動。

為癡呆症患者著想的環境

我們的環境是我們疾病的一個重要部分。我們怎樣表現出病徵，很大程度上視乎我們的環境和我們怎樣應付那環境。我們周圍的世界變得陌生，我們的能力減退時，我們需要愛、安慰、忠誠、接納、認同和消遣。

基伍德（Kitwood）的研究專注於個人環境在應付癡呆症的經驗方面的重要性。[42]他詳細研究機構照顧環境對癡呆症表徵的影響。他提出癡呆症源自個人獨特的因素之間的複雜相互影響。這可以解釋為甚麼在不同的人中，某一種特定的癡呆症的病徵和損害的進度有那麼大差別。

首先是性格或行動的資源，包括透過生命對失敗、恐懼或無力的經驗，伴隨著對焦慮的不同防衛而得到的一套逃避和障礙方式。其次是傳記和生命故事，包括所有損失和目前的社會支持。然後是身體健康，包括感官功能，這些功能可能影響混亂的程度和溝通的能力。這一切都影響個人怎樣應付實際的腦部損傷。

改進照顧最重要的因素是環境，因為這是頗容易改變的，藉以確保個人的安全感、價值和舒適都得到改善。環境需要確證個人的經驗和情感，方便個人的活動，歡慶個人的能力，並提供感官快樂。

但有時家庭是過去的衝突、現在的張力和陳舊的行為模式可能深刻影響癡呆症的表現的地方。請確保你得到幫助，去處理任何背後的情緒問題。身為有情緒的人，我們受到環境衝擊，只有很少認知上的資源應付壓力。所以我們很容易受環境和家庭問題影響。我們不能夠應付周圍的壓力、張力、爭論或不安。

環境對癡呆症的表達是那麼重要，所以你可以做很多事情幫助我們。我們怎樣表露出病徵，很大程度上倚賴我們怎樣應付周圍的世界變得陌生，和我們的能力減退。由於我們腦部受損的程度，我們的行為通常都是對環境完全合理的回應。

避免有背景噪音，那會令我疲倦和混亂、焦慮、甚至有侵略性。安靜的環境有助避免額外的混亂。我不明白為甚麼那麼多日間護理中心和護養院都同時開著電視、收音機，並且有人在說話？難怪人們坐在那些地方，顯得那麼茫然！或許在到商場或其他嘈吵的地方時，可以戴耳塞。

如果有孩子在附近，要記得我們很容易疲倦，很難集中精神說話或聆聽。要確保我們看不到擾亂視線的東西，以及在安靜的地方。

鼓勵例行的事情，讓我們可以在熟悉的環境中感到安全和有保障，有一套我們可以記起的活動。這樣會減低嘗試了解環境帶來的壓力。

讓我們的空間變得整齊，特別是在好像廚房和浴室等地方。用二合一洗頭水和護髮素，以便不會有太多瓶子。嘗試有容易進入的浴室，以及只有一個控制裝置的水龍頭，不會有太熱或太冷的水。

我們可能會有視覺和協調方面的困難，這表示我們可能會碰到東西或感到笨手笨腳。將東西放在塑膠容器內，可以避免破碎。如果我們碰跌東西，茫然地看著我們製造的一團糟，請幫助我們清理，因為我們不能夠想到有甚麼步驟，感到慌張和混亂。

好像社區中心等公眾場所的洗手間入口和出口對我們是真正的挑戰。它們永遠都似乎不是塗上對比的顏色，讓我們能夠找到進出洗手間的路。那裏有很多門，令我們感到迷惑，照顧我們的人可能不能進去幫助我們。每當我們和一羣癡呆症患者外出，這總是問題。有人會遲了出來，你也聽到有人在嘗試找出哪一道門才是正確出口時將好些門大力推。如果入口和出口的門塗上和其他所有門不同的顏色，我們便不會感到混亂，可以更容易找到出口！

進入我們的現實

我們的現實可能夾纏在睡夢和日常生活之間，因為睡覺和清醒之間是另一個世界——一片幻覺的可怕土地，有黑暗的形狀、真實的感覺棲居，但卻不能移動、說話或逃脫。那麼，甚麼是現實，甚麼是真實？

夢是很生動的，因為我們睡覺的思想嘗試掌握我們清醒時因為受損的腦部和高水平的情感而帶來的混亂。但我們對真正發生了甚麼事的記憶是那麼差，以致我們很難記起甚麼是夢，甚麼不是夢。如果我們在晚間醒來，仍然在這迷糊的世界中，我們會變得失去方向和沮喪。

我們有些人發覺動物——真實或布偶——有助我們將好像和平、盼望、信心和安慰等概念形象化。觸摸它們的真實可以在我們掙扎著要睡覺，以及掙扎著要知道自己清醒時安慰我們。在晚上，在我經常醒來，不知道自己在哪裏時，我的貓不斷給我安慰。牠溫暖、多毛和咕隆作響的身體在被褥下睡在我旁邊，每當我在晚上醒來，伸手觸摸牠時，牠都以輕微的伸展和微小的聲音給我回應。然後我聽到保羅在我身邊柔和地呼吸，令我得到肯定和安慰，重新回到自己牀上的現實。

但布偶卻可以令人吃驚。我們很容易誤會自己看到的東西。就好像缺少了很多像素，於是我們嘗試從模糊的影像中形成一幅圖畫。我在國際癡呆症倡議及支持網絡的朋友莫里斯告訴我，有一天他在外面購物，走到付款處時要忍著不喊叫出來。他的購物車上有一隻死貓！但當他嘗試冷靜下來，更專注於這可怕的情景時，便慢慢開始發覺，那是他自己的皮草帽子，他在半小時前開始購物時將帽子脫下。我們的腦嘗試明白我們看到的東西，但那卻並非總是真實的。

我見過一些細小的布偶狗，它們好像真的一樣，裏面有機械裝置，好像一個溫暖、正在跳動的心臟。我曾經坐在米雪在阿爾茨海默氏病協會的辦公室，輕撫著一隻這樣的東西，感到平靜一點。我在這旅程較後的日子，我的「癡呆貓」再不能滿足我的需要時，我會想要一隻這樣的東西。但由電池驅動的裝置可能有問題。我聽說在日本，試驗使用有電池操作的心臟的洋娃娃時，在護養院居住，以前是助產士的婦女在電池停止活動時變得非常沮喪。她們的「嬰孩」死了，她們再感覺不到它的心。所以如果我真的有一隻「心臟跳動的小狗」，請定期檢查電池，確保它仍然「有生命」。

這些助產士很幸運，有人向她們解釋她們表面的幻覺，她們的妄想狂，她們的壓力反應。但這種妄想狂和幻覺是我們在愈來愈迷惘和緊張的環境中嘗試找出意義時很自然的一部分。我們創造自己的故事，解釋周圍發生的事情。我們變得不夠圓滑，對周圍發生的事情，只專注於自己堅守的信念。

正如大屠殺倖存者弗蘭克爾（Victor Frankl）所說：「對不正常環境的不正常反應是正常的行為。」[43]對癡呆症患者來說，考慮到我們頭腦中發生的事，我們的行為是正常的。嘗試進入我們那扭曲了的現實，因為如果你要我們配合你的現實，會給我們帶來額外的壓力。你需要進入我們的現實，藉著觸摸或以眼神和我們聯繫。你需要真正和我們一起，不是從遠處這樣做。你需要明白，我們不是很遙遠或迷失了，而是被困於無力溝通或清楚地思考，表達這個由我們腦部受損製造的混亂世界。想一想我們經驗的這個內在現實，並嘗試和它聯繫。要有想像力、有創意，嘗試走過將我們的世界分開的分隔。

我曾經到訪一間護養院的癡呆症部門，和莫林（不是她的真名）閒談。她不能用我能夠明白的語言表達自己，但卻創造了一種別人稱為「莫名其妙」的談話方式。對她來說，那是說出聲音，表達思想、恐懼和感受的方法。一天，我到那裏探訪時，莫林明顯很激動，她帶我到近廚房的牆壁。她指向地下，表示有很多東西在移動——對她來說，那些東西遍佈四周。我說：「這裏有很多老鼠嗎？」她面露喜色。她以她的「話」——她的面部表情和手勢——對我說「是啊！」我們沿著走廊走時，很明顯四周都有老鼠。當然，我看不到那些老鼠，但這並沒有令牠們對她來說顯得不那麼真實。

於是我說：「讓我們找一隻貓吧，這附近一定有一隻。那貓一定會趕走那些老鼠。」接著我們四處走了一會，直到緊張的莫林抓著我的手並指向某處。從她的面部表情和她發出聲音的方式，我知道她看到貓了。那裏有一隻貓！很快她便平靜下來，貓和老鼠離開了她的世界，她可以回到日常的例行生活。

進入我們的現實是很重要的。那現實透過混亂的情緒和很少的認知創造，透過我們的靈，我們的真我連在一起。我們的現實可能反映我們的情緒，也可以告訴你一些關於令我們擔憂和快樂的事情，讓你可以幫助我們從不快樂的空間前進，或者幫助我們思想快樂的時刻。

當然，那些情感與我們距離比較遠的人，要這樣進入我們的現實會容易得多。對我們的親密家人來說，觀察似乎是大大扭曲的現實，藉著專注於癡呆症患者的需要，而不是他們自己在這親密關係中的需要，是很困難的。這需要得到承認和尊重。專業照顧人員可以藉著在這個有需要的方面提供幫助，做很多事情減輕我們和我們家人的壓力。

照顧我們的伙伴，而不是殉難者

單單採納照顧我們的人這個身分，會強調了我們的疾病，令雙方都失去其他身分，我們成了提供照顧的人和受苦的人，在共同倚靠的關係中。你需要我們有病，令你保持照顧者這個身分，否則如果我們以任何其他角色得到力量，你可能會感到受到威脅。

在這個角色中，你可以很快便被眾多任務淹沒，要為兩個人記憶事情，為兩個人計劃和組織，遮掩我們的缺乏，為我們的損失哀傷，而不是找尋剩餘的東西。你會很快變得筋疲力盡、憂愁、抑鬱和絕望。我們知道這對你來說是多麼艱難，我們珍惜你為我們所做的一切，知道自己變得多麼無助，但我們也希望你得到最好的。

同時，如果我們採納自己是疾病的受苦者這單一的身分，便會變得無助。我們喪失更多功能，表露出太多弱能，癡呆的症狀比你從我們腦部受損的程度所預期的更明顯。這只會增加你身為照顧者的負擔，加深你和我的困難。那是一直向下朝災難走。在這情況下，我們變得彼此倚賴，需要對方接受我們身為受害人和受苦者這些身分的標籤。

另一個選擇是，我們可能遮掩自己的缺乏，嘗試表現得正常。這也是一種彼此倚賴，因為我們將你假設的需要放在我們誠實的自我表達前面。我們希望停止你的擔憂，停止這向下的發展，於是我們假裝自己正常。但隨著疾病發展下去，我們不能夠保持這種偽裝，因為那已經變得不可能和令人筋疲力盡，我們變得被動和倚賴。突然間，你要獨自面對我們努力不讓你面對的重擔。

彼此倚賴對癡呆症患者和家人都是不健康的。我們會變得比真正的自己更無能，你也會比你需要的更筋疲力盡。我們都不誠實，每個人都獨自走癡呆症的路，掙扎著，但卻沒有任何真正的洞見，不知道應該怎樣做。

我們需要脫離將自己標籤為照顧者和受苦者，而要朝照顧的伙伴的關係走，在其中我們在癡呆症的旅程中接受、合作和採納新的角色。我可以成為生還者，患有癡呆症的人；而你可以成為我在這旅程中的照顧伙伴。我可以成為你的照顧伙伴，向你傳遞我的真正感受，我的真正需要，讓你可以陪伴我一起走，在我們一起面對這掙扎時，調整和補足這些表達出來的需要。在這照顧的伙伴關係中，癡呆症患者在關係的中心，不是單獨作為需要照顧的對象，只是一個接受照顧的人。相反，我們在照顧的圈子中成為活躍的伙伴。

照顧伙伴——家人、朋友、專業人士和政府——都應該積極尋求明白個人的需要，全面考慮現存的能力，根據那些需要調整照顧的水平。在我們嘗試表達這些需要和能力時聆聽我們。這樣我們便可以共舞，一起歡慶和擁抱大家共有的將來。

靈性

面對衰退的認知，愈來愈強的情感敏感，靈性可以發展成身分的重要來源。但圍繞癡呆症的恥辱卻可以限制我們發展自己靈性的能力。它威脅我們的屬靈身分。隨著時間過去，我需要別人了解我，了解我的古怪行為，我缺乏社交風度，我在友誼中沒有資源付出，都不是源自我裏面的靈魂。它們只是我有病的腦部的產物。

但有時人們假設我們的混亂，我們缺乏言語，以及明顯缺乏理解，都令我們不能有正常的靈性操練，到訪聖壇，和你一起崇拜，與神及別人團契。但這些假設在多大程度上是因為我們癡呆症的恥辱而給我們有限的空間？

你可以藉著找出甚麼活動有助我們將目光超越每天應付腦部受損這些短暫的世俗困難，幫助我們在自己生命中重新發現對意義的感覺。藉著操練我們的靈性，我們可能可以實現反映在神聖中的身分，找到情感的保障，在新的將來中發現真正的盼望。

麗齊．麥金利描述過她所說的年老的六個屬靈任務。這些任務同樣適用於癡呆症：在生命中尋找終極意義，回應那意義，向最終意義前進，找到盼望，找到與神和／或別人的親密，轉化困難和損失。[44]

重要的是，要找出我們自己的屬靈傳統，幫助我們和禮儀、故事、地方和實踐連接起來。身為信主不久的基督徒，我不熟悉那些古老的詩歌，但卻喜歡那些新歌，更現代的教會崇拜。在很傳統的基督教崇拜，或者另一種宗教環境中，我會感到很不自在。我們需要熟悉的話、音調、語言和禮儀——但我們熟悉的東西，並不一定是你也熟悉的。

不過，靈性不單是宗教。靈性給我們生命意義和目的，它可以來自藝術、大自然或音樂。對我來說，我珍惜大自然，喜愛貓兒，看見這美麗創造中的所有動物都令我喜悅。我們必須找出更多個別癡呆症患者的獨特之處，明白他們的喜好，然後想辦法讓他們在靈性上得到餵養。

照顧我們的真我，它是在認知和情感以外。或許可以鼓勵我們寫關於自己的事情。當然，對我來說，寫第一本書是自我反省的重要旅程。我探訪松江的日間護理中心時，聽到一些關於帶著癡呆症生活的美妙故事，這些故事表達了他們真正的內中感受和盼望。我可以從他們的臉上看到得到幫助寫出個人的故事，對他們有甚麼意義。

有很多方法幫助我們在生命中找尋意義。我們可以從洋娃娃治療得到安慰，我見過很多照片，人們——男人和女人——拿著洋娃娃時，臉上充滿喜悅。我們可以從藝術或音樂治療中得到啟發。我們需要你在接觸我們的靈性時給我們肯定，作我們的嚮導，為我們找方法和神連繫。或許你可以使用圖畫、物件、歌曲、禮儀、活動或地方。

人們往往將癡呆症和「失去自我」連繫起來，而這表示個人在癡呆症的旅程中，有某些階段失去作為人的東西。這明顯是愚蠢的，你在哪個階段可以否認我的人格和靈性？我具體上是在甚麼時候不再成為自己？

幾年前我發表了一次演講，麗齊．麥金利後來將那講稿編輯，作為一本書的其中一章。[45]我說：「認知是衡量我們以靈性的人這個身分在你們當中存在的惟一標準嗎？當然，我準確地傳達思想的能力每天都在消失。我很難找到合適的字眼描述我頭腦裏的圖畫，藉以和你溝通。但這是否表示我沒有思想？」

我問道：「即使這些圖畫有一天會消失，我的靈魂是否連繫到這失效的認知？……我失去在周圍世界的身分，那個世界很渴望以我所做和所說，而不是我是誰來界定我。但我可以單單作為自己，一個按著神的形像受造的人，而找到我的身分。我的靈性自我在神裏面反映出來，身為超越的存有而得到意義。」

我每天都失去更多顳葉，但我曾經讀過，用電刺激顳葉可以給人強烈的屬靈經驗。這是否表示我對神的經驗會以某種方式失去，我的靈性會消失？當然不是！我遠遠不單是一個患病的腦袋。

在演講中，我說：「我按著神的形象受造為有靈魂的人，能夠愛、犧牲和盼望，但在思想和身體方面，都不是完美的人。我希望你那樣和我交往，好像神那樣看我。」

我不能再記憶時會認識神嗎？在第一本書中，[46]我寫道：「我在神面前展開，這個病打開我，揭開我多重人格背後的珍寶時，在每一層被溫柔地張開時，我感到安全。神的膀臂永在我下面，把我托住。」我們這些癡呆症患者失去自己是誰的記憶時，我們便在別人中反映出來。在神的家庭，基督的身體中，我是別人記憶中的自己。

在這癡呆症的旅程中，我需要你直接和我的靈魂交往，我愈來愈需要倚賴別人支持我的靈性。[47]在這個旅程中，你不能夠在任何階段放棄和我連繫的希望，我們仍然透過我們的靈魂，而不是我們的思想保持聯繫。你可以以歌曲、禱告、禮儀和你靈性的同在服事我們的靈。

在和我裏面的靈魂交往，在這永恆層面的聯繫中，你扮演很重要的角色。在我旁邊唱歌，觸摸我，和我一起祈禱，向我肯定你的同在，以及基督透過你和我同在。要有創意，信任神能夠幫助你將祂的愛帶給我。找出我在哪裏找到生命的意義，發現和豐富我的靈性。透過它我可以找到屬靈醫治，並轉化我喪失和恐懼的感覺。

要你在這層面以靈和我們的靈接觸，需要對甚麼給我們意義、甚麼信仰傳統、甚麼禮儀、甚麼崇拜實踐敏感。專注於現時的真實，創造的簡單喜樂。你可以藉著在禮儀、大自然、歌曲、音樂、舞蹈或其他方式使我們與一切存在的根基——那神聖——連繫，跨越文化和信仰。

4 我知道自己死後會到哪裏去

身分危機！

那關於癡呆症的對白——診斷的震驚和預後的可怕——是我們生命的轉捩點。那一刻深深印在我們記憶中。那時天氣怎樣，人們穿甚麼衣服，人們說甚麼，都從我們扭曲了的記憶迷霧中清晰地浮現出來。對我們當中的一些人來說，那是一個釋放。我們的混亂、緩慢、記憶消失和日常的困難終於都得到解釋。但我們仍然必須面對將來。對另一些人來說，診斷帶來不信。我們肯定沒有甚麼不妥！沒有人可以以為我們有哪裏和那些在護養院的人相似，他們不知道自己或者家人是誰。

還有一些人則好像我一樣，感到震驚。我明白將來是多麼可怕，我和我的女兒前面會遇到甚麼事。我需要停止工作，但仍然要供養家人。我的世界崩潰了。一切都改變了。我面對精神和盼望都被打敗。

我們主要的恐懼是和癡呆症有關的「失去自我」。我們面對身分危機。我們都相信那個關於癡呆症的有害謊言：思想失去了，身體只是一個空殼。這個對癡呆症的新標籤粉碎我們對自我的感覺。如果我不再是社會有價值的成員，我是誰？如果我不認識家人，如果我不知道自己現在是誰，以前是誰，那會怎樣？如果我連神也不認識，那又會怎樣？

在診斷後，我們最先想到的往往是我們是誰，以及將來會變成誰。我們面對身分危機。我們害怕將來，害怕衰退，害怕在不知道的情況下死去。我們不再能夠以我們的工作、我們對社會的貢獻界定自己，而是被迫接受有病的人這個新身分——不再得到社會珍惜，不能夠再有任何貢獻，得到別人需要。突然間我們變成「非人」。

我在得到診斷前的一天，是一個忙碌和成功的單親母親，有三個女兒，在澳洲政府有高級的行政工作。得到診斷後的一天，我是一個標籤——癡呆症患者。沒有人知道應該說甚麼，對我有甚麼期望，怎樣和我說話，甚至應否探望我。我變成了有標籤的人，在一夜之間便由我的疾病來界定。彷彿我額頭上印了一個目標，向世界呼喊，讓全世界都看到我被蒙上眼，不再能夠在社會發揮功用。

但我們可以身為有感情的存有，找到新的身分。我們可以擁抱，我們可以再次擁有供摟抱的玩具，我們可以更自由地哭和表達痛楚。在我們的關係中，我們可以在更深的層面與別人聯繫。我們有內在的心理資源，是源自我們的性格和生命故事的。這些資源——我們的態度——影響我們怎樣應付腦部的損傷。當然，對我們當中某些人來說，我們的生命故事不能給我們任何恢復力，不能給我們任何幫助應付這場爭取生存的最後戰爭。我們的資源是最少的，我們只能夠依賴很少東西。但如果我們放棄，我們的癡呆症便會顯得更嚴重。

重要的是，即使在我們的精神以外，我們的情感和心理反應也在生命的嚴酷考驗中形成，我們每個人都有一個屬靈的自我。即使我們沒有言語表達自己內心的圖畫，即使我們不能夠支取某種內在的力量，我們也可以在自己的靈性中找到生命的意義。你可以在這裏服事我們，與我們聯繫，給我們力量。我的基督教信仰，我透過耶穌與神的屬靈關係，肯定是我身分的重要資源，雖然有不能再存在的恐懼，這資源仍然給我力量。

真正重要的是在我們靈性核心的東西，我們可以以對在我們有癡呆症的生命中給我們意義的東西敏感，服事這靈性核心。「我們只有用心，才能夠看得準確；必要的東西是眼睛看不見的。」[48]聖埃克蘇佩里（Antoine de Saint Exupéry）以這句話表達我們內在自我，我們靈性自我的重要性。

對不再存在的恐懼

我過著被癡呆症這個標籤轉化的生活的頭兩年，感到羞恥，並從社會中退縮。我對將來感到十分恐懼，不知道帶著這病死亡會有甚麼感覺。有人鼓勵我將這些感受寫下來，於是我寫了第一本書。我最大的恐懼是較後的階段，我不會知道自己是誰，家人和朋友是誰，甚至不會知道神是誰。

我們面對不再存在這種可怕的恐懼。我們面對的不單是肉身的死亡，也是情感和心理漸漸死去。那是朝不再存在走的旅程。你可以以某些方式為死亡作準備，知道自己是誰，很可能會怎樣應付死亡。但患有癡呆症卻十分不同。我因為自己不會知道自己是誰，其他人是誰，自己會完全迷失，不能夠應付死亡而感到恐懼。而這恐懼處於我們掙扎著保留對自己現在是誰，而不單是過去是誰，或者將來會是誰的感覺當中。

恐懼可以將我們轉化為否定者，我們假裝自己很好，沒有甚麼不妥。正常這個脆弱的外殼保護我們免於恐懼。我們的家人和朋友否認有問題存在，以此作為對抗他們自己的哀傷和憤怒的防衛。我們也可能變成受害人，墮進恐懼的麻痺中，放棄繼續嘗試運作的意願。而我們的家人和朋友都採納了照顧者這個新身分，以他們的關心和接管我們的日常生活，使我們窒息。

但我們可以找到更好的方法，實際地回應診斷，思想我們身分的整體。我們遠遠不單是認知的個體。我們是有感情的存有，和這個世界及其他人有關係。我們是靈性的自我，和神有關係。布伯（Martin Buber）寫道：「透過那個你，個人成為我。」[49]透過將我的生命集中起來，專注於我的靈與神的關係，我變成我的真我。

那挑戰是利用我們的精神資源，穿過在診斷的一刻打開的恐懼深淵。當癡呆症威脅我們對自我的感覺時，我們怎能生活在盼望、有其他出路、成長和可能的世界中？

我們需要製造自己是誰和會變成誰的新形象。我們怎樣做，很大程度上有賴我們的性格、我們的生命故事、我們的健康、我們的靈性和我們的社會環境。我們可以選擇自己抱有的態度，我們當中有些人會好像弗蘭克爾一樣，可以嘗試透過我們對不能避免的苦難的態度，找到生命的意義。

對我來說，從一九九五年開始的是一個漫長的旅程，我要在懷疑自己帶著癡呆症死亡前會變成誰的時候，學習怎樣每天帶著癡呆症積極地生活。現在我明白我仍然會是我，我永恆的自己，也就是我的靈。我的靈是我，而且永遠都是我。雖然在癡呆症的蹂躪下，但我的靈仍然會保持完整，繼續是神在我裏面工作的主要途徑。我可以有尊嚴地在這個病中生存下來，相信神看到我的靈——那真我。在我走這條在生命中找尋意義，發現神在我裏面的榮耀的路時，我的靈仍然是我的支柱。

我會變成誰？

自我發現的旅程

我的癡呆症旅程，是找出我是誰這自我發現的旅程。我在第一本書問道：「我死時會變成誰？」它表達了對不再存在的恐懼，假設癡呆症的旅程是失去自我。但在過去幾年，我對甚麼構成一個人，以及患了癡呆症後有甚麼事情發生在我們身上，進行了很多思考。人們往往視癡呆症為步伐細小的死亡，但我們必須問自己，甚麼是真正的死去。癡呆症患者沒有到達「現在」那個地方，在現在積極存在嗎？

我相信癡呆症患者正在走一個旅程，由認知經過情感到靈性。我已經開始明白，在這個旅程中真正留下的才是真正重要的，消失的是並不重要的。我想如果社會能夠明白這點，癡呆症患者便會受到尊重和珍惜。

有認知的外在自我，那就是我們工作或在家裏表現出來的自我——那面具。組織、計劃、寫作、演講、購物、煮食，所有複雜活動構成我們以為自己是誰。我們給自己標籤——姓名、工作、地址、關於自己過去的記憶、關於自己將來的觀念。我們傳遞這一切，作為定義我們外在面具的一部分。我們見面時說：「你叫甚麼名字？你住在哪裏？你做甚麼？」，尋求的是對我們面具的描述。

但在下面還有另一層，那是情感的層面。這層面決定我們怎樣和別人交往。這是我和保羅及女兒相處，或者和朋友及家人說話時使用的面具。而那就是我怎樣流露自己的感受。這情感的層面在我們癡呆症的旅途中變得愈來愈混亂。它更難預測，我們也控制得比較差，我們的感受也更脫節。

在這愈來愈混亂的情感層面底下是真我。雖然受到癡呆症損害，但它仍然保持完整。這是我的靈性自我或超越的自我。它是和花園、葉子或花朵的美連繫的「我」；它是和神連繫的「我」；它是我的靈，我的本質。

這個真我在我們的社會中不能獨立存在。社會根據認知和情感，我們的面具這些外在的層面界定人。在社會中，如果沒有保羅，我不能生存，雖然我在現時作為靈性的自我過真實的生活，因為今天的社會期望你好像「正常」人那樣發揮作用，有過去，有記憶，知道今天是甚麼日子，你應該做甚麼，你昨天做了甚麼，明天要做甚麼。

我的靈性自我存在於「現在」，沒有過去和將來。佛教剎那（setsuna）這個詞捕捉了這種獨立於時間存在的感覺。我們可以更完滿地欣賞在時間以外的神聖，因為「現在」是一切存在的基礎。[50]

活在現在就是我們的真我的所在。如果我們對可能會發生甚麼事或以前曾經發生甚麼事太焦慮，我們實際上是在自己的外殼中，而那不是真正的自己。我接受了活在現在，並明白能夠脱離記憶和對將來的擔憂是很特別的榮幸。

好像一個花蕾，我的真我包含了身為我有甚麼意義的所有潛質，這是在永恆國度中，而不單是在這地上短暫的生存中。這樣在現在，並繼續和永恆地存在，是一種新的生活方式，甚至可能是生活的本質。

禪的心是平常心

國際癡呆症倡議及支持網絡的莫里斯寫的一篇默想，捕捉了這種生活的本質．

> 雨水將空氣洗淨，天空現在充滿柔軟的雲。沿著碎石路走，我看見三隻鹿，兩隻大一隻小，優雅地向陽光照耀的山上走，在山頂消失。我想到默想。我記得在患上阿爾茨海默氏病前，我怎樣不時想到默想。
>
> 禪宗指出，心就好像一隻喋喋不休的猴子，由一枝樹枝盪到另一枝樹枝，由焦慮的思想盪到貪心的念頭。有這樣的心的人，可以有甚麼質素的經驗？默想的路可以使心安靜下來，令它好像山上靜止的池塘，反映出月光。有這樣的心，我們可以細味現在的狂喜。那是一個有趣的意念。

三年前，我的猴子心走到南方。這對默想來說，或許大有好處，不過我集中精神的能力也已經失去了。我再不能盼望培養專注，直到我以閃電般的辨別能力，能夠即時看到在緊抓著我的思想的核心那虛幻，就好像使用快劍的武士，將那些思想消滅。在幾年內，我會有幸有足夠的專注，用微波爐煮食。

因此，我看著那些鹿時想到：「我不會見到牠們比現在更好。」但奇怪的是，這個意念沒有令我沮喪。我感到那個安靜的心的意象不再緊抓著我，我放棄了對現在狂喜的盼望後，明白那些禪宗大師嘗試表達的。禪的心就是平常心。[51]

我正在變成真正的我！

我們朝我們靈性的自我走時，我們外在的面具減退時，我們內在的自我也增強。認知正在消失，情感和靈正在增強。我們走這條癡呆症的路時，可以在靈裏得到增強。

我在國際癡呆症倡議及支持網絡的朋友，來自澳洲的謝爾．加尼特(Shirl Garnett)最近在一封電郵對我說：

我認為在癡呆症旅程的初期，令我最感到釋放的發現是，我的身體／心理愈衰退，我屬靈的人愈按比例增強。我和主的關係以前也很好，但現在變得更親密。我也知道，無論我在這旅程中走得多遠，我都會維持這聖靈與我的靈之間的關係。[52]

她希望人們「明白，我們在癡呆症中航行時，屬靈關係是多麼重要」。[53]

我學懂信任神，在帶著信心走每一步時，懷著驚歎看祂將我的生命在我面前展現。我發覺柏柏爾語（Berber）的格言：「生命是織布機，神拿著線」向我說話——在我讓神在我生命中工作時。[54]藉著每天懷著信任行走，生命一幅令人驚訝的織錦在我面前展開，我回頭望時，看到一幅美麗的圖畫浮現，看到我存在的意義，我生命的目的。

自從寫了第一本書，和與不再存在的恐懼搏鬥後，我經歷了身為「我」是甚麼意思，能夠回答第一本書提出的問題。我明白我正失去甚麼，以及甚麼會永遠保留。現在我知道，在這條向真我邁進，帶著癡呆症，除去認知和情感層面的路上，我正在變成真正的我。

這和我最初得到癡呆症的診斷，開始走癡呆症的路時相比，是完全不同的思考方式。我不再是那表層，那外在的面具，那以前的我，有三個女兒的職業婦女，有家庭需要照顧，有家庭生活和工作問題。現在我更多地顯露內在的人。這個人在以前也存在，但卻被實現的認知和受控制的情感這些面具遮蓋。

我現在比以前情緒化。在患病前，我總是冷靜的，頭腦清醒，自制，也喜歡控制別人。我從沒有真正在別人感受的層面和他們溝通。我以任務為導向，我的感情只限於對待女兒。現在我的感情更開放，我更關心人們的感受。我更多和別人的全人交往，而不是單和外在的面具交往。

閱讀弗蘭克爾描述奧斯維辛（Auschwitz）倖存者的

心理旅程是有趣的。[55]他們最初的反應是幻覺、否認和憤怒，然後以冷淡和幽默作為防衛，最終在宗教、藝術和音樂的靈性中找到內在的平安。對與癡呆症旅程搏鬥的人來說，那也是類似的倖存、幻覺、否認、憤怒、冷淡、幽默和追尋意義的旅程。我們依從一條苦難的路，去尋找內在的個人，那屬靈的真我。在癡呆症的囚牢中，在我們日常掙扎的考驗和對將來的恐懼中，我們可以在苦難中找到意義。

我們找到的是，我們每個人都可以說：「我是我所是，不是我所說或所做」。我是誰是由我的靈界定的。在生命中，認知和情感可能改變，但我們的靈是我們的本質，在神的掌握中。在我們仍在母親的子宮裏時，我們的靈已經為神所認識，在我們變成塵土後很久，那靈仍然會為神所認識。那是朝簡樸走的旅程，遠離認知的外在面具。這是我們給世界的外表，關於我們所做的事，我們工作或生活的地方，我們怎樣說話，我們以言語向別人傳遞的觀念和觀點。

這複雜的自我的下一層是感情。這裏有我們的感受，我們對別人的愛，我們的傷害和盼望，我們的關係。在癡呆症的旅程中，隨著我們以不能預測的方法經驗情感，這層面變得愈來愈混亂。

在我們存在的中心是那真我，將我們界定為真正的人，真正獨特，和我們生來要做的真正的人。這是我們屬靈的心，我們從出生向死亡衝時得到意義的中心。每當我們停止得足夠久，可以將目光超越我們的認知，穿過我們被遮蓋的情感，便進入裏面的東西。

對患了癡呆症的人來說，這是仍然完整的部分，是令我們成為真正的自己的部分。有一天，我的身體會好像胚胎，捲起來，察覺不到我的周圍，僅能夠發揮功能，但我的靈性自我會繼續生存，我和這個身體的靈性連繫會走到新生命中。我正朝天堂走。

與癡呆症共舞

我進入靈性的旅程是釋放的，但我仍然活在認知的世界中。每天的生活都是掙扎。單單存在會比較容易。但我是在這癡呆症旅程中生還，我不是對抗那弱能，而是在舞蹈中適應它。每種衰退變得明顯時，我都讓保羅知道，他身為照顧我的伙伴，和我一起找出方法改變我們的行為。

每隔幾個月情況便改變，我們管理自己生活的方式也有點不同，那些只是小事，但卻是察覺得到的。我們在與癡呆症共舞中適應改變，隨著我衰退，並傳達我的需要時，新音樂不斷奏出。保羅需要有新的舞步，我也有新舞步，我們跟隨或帶領，而這是妥協。癡呆症的舞蹈並不容易跳，因為癡呆症在很多方面都是社會的疾病，患者和家人都被恥辱孤立。那絕對不有趣。

我的家人被我的癡呆症的創傷損害，但現在在這旅程中，我相信我們大家都發現彼此的新面向。或許我們好像不死鳥那樣，從那可怕時刻的死灰中復生，我認為我們都因而變得更成熟。保羅身為照顧的伙伴，他以特別的方式遲很多才加入這舞蹈，選擇與我及女兒一起走這條路。他沒有過去的痛苦，對損失的哀傷，以及繼續將我現在和診斷前似乎是怎樣的人作比較等問題需要處理。

對我的女兒來說，這是更艱難的舞蹈，她們沒有選擇加入，而是被迫參與。她們有需要為之哀傷的損失，有需要處理的問題。現在她們的將來已經改變了，她們必須適應有一個每天失去認知，情緒變得愈來愈混亂的母親。她們也必須處理她們對在最後階段，我除了靈性的自我外所餘無幾時為她們帶來的恐懼。但在癡呆症的舞蹈中，我希望她們也找到和我的連繫，靈對靈，並能夠聽到改變的音樂，適應我變成真正的我。

我選擇與癡呆症共舞這種態度。我選擇作生還者。我選擇每天積極地生活。我喜歡一對愛侶與癡呆症共舞這個意象。那是一對愛侶，照顧的伙伴關係，我們一起活動。我們感受到彼此的需要，配合癡呆症旅程中音樂的改變，作出改變和適應。我認為說那照顧的伙伴關係好像與癡呆症共舞，是含義相當豐富的表達。這個舞蹈的意象可以幫助我們看到我們和我們周圍正在發生甚麼事。在診斷後，我們的照顧網絡——家人、朋友、社區連繫、專業人士和工作地點——的反應可能是否認診斷的實際現實，或者承擔起被懾服的照顧者這個角色——由於我們再不能做任何事情，你必須包辦一切。

在否認這種反應中，人們沒有評估需要，而隨著行為模式改變，那些被視為損失的改變成了注意力的焦點。在被懾服地照顧這種反應中，你對損失的強調損害我們的自尊，在照顧網絡中製造不必要的壓力，令我們變得愈來愈無助。

身為我們的照顧伙伴，你是嘗試做你一向所做的事情？還是學習新的舞步，感受彼此信任的動作？那個被懾服的照顧者立即接管了我們的所有功能，以愛和注意力使我們窒息，從而減低我們剩餘的能力，損害我們的自尊，將關係中的注意力放在給予照顧者的身分中。

但和所有舞伴一樣，身為與癡呆症共舞的照顧伙伴，我們都要學習**聆聽**那音樂。甚麼發生在我身上？在我們身上？我們與癡呆症共舞有甚麼節奏？那是快還是慢？誰在負責？

那照顧伙伴問：「你想要甚麼？」；「我可以做甚麼幫助你？」重要的是：「你可以做甚麼？或者你希望我幫助你做甚麼？」「運用，否則便會失去」這句話是重要的。無論那功能是多麼微小，盡可能維持著它仍然是重要的。我們一起跳舞，每個人在適應癡呆症的每個新挑戰時，都調節自己的舞步。

我們需要看著那些音樂家——照顧的網絡。專業人士、家人、朋友為我們與癡呆症的舞蹈提供提示和支持。他們應該看著我們跳舞，而不是彈奏他們自己的音樂！如果你是照顧網絡中的音樂家，你也需要小心看著舞池，或許需要調節你的節奏配合我們，或許需要彈奏不同的旋律。你也是與癡呆症共舞的一部分！

但和所有舞蹈一樣，有時由一個舞伴負責，有時舞伴會分開，有時帶領的人會轉換。你身為我們的照顧伙伴，看著我們怎樣應付癡呆症的舞蹈時，可能會問的問題包括：「你想駕車嗎？你想煮食嗎？你想洗衣服嗎？你想購物嗎？你可以淋浴嗎？用電話又怎樣？

你吃東西沒有問題嗎？你的藥物又怎樣？每天的計劃又怎樣？」

或者我們正在減低的能量和資源，是否花在和家人一起、寫作、和別人交談、料理花園、祈禱、散步、閱讀、照顧動物上更好？你知道我們不能夠做那麼多事情，所以讓我們大家都調節那舞蹈，讓我們可以做重要、有意義和能夠支持我們，並透過我們支持你們的事情。

藉著接受這改變和適應的旅程，我們可以與癡呆症共舞，選擇在慢線的新生活。

選擇跳舞

知道我有這死刑，這癡呆症，籠罩著我，已經是一段漫長的旅程。是時候哀傷，是時候專注於我失去甚麼，但也是時候每天歡慶生命，嗅鮮花，專注於永遠會和我一起的事物。神永遠都會存在，保羅和我的女兒永遠都會以愛圍繞我，我會是美麗的創造的一部分，和它一起移動，隨著時間過去，享受著每一刻。

當然，我們熱切尋求和盼望有治療的方法，但目前我們掙扎著盡可能長久地好好活下去。我們歡慶這在慢線上的新生命時，可以找出，我們以現在所剩餘的，可以奏出多少音樂。我們可以找到新方法享受每天的每一刻。對我來說，那是日落的美，看到女兒的喜樂和成功，輕撫貓兒和擁抱我的丈夫。

我們與癡呆症共舞，掙扎著應付這病時，雖然有限制，但仍然能夠創造和發光。我們可以藉著專注於關係和更大的情感和靈性連繫，而不是認知，培養新才能，那些隱藏在我們裏面的珍珠。藉著給認知一個次要的位置，滿足於我們的新生命，我們可以增進我們性格的這些其他方面。我們可以重新發現自己的靈性，更察覺到甚麼給我們生命意義。我在憤怒、恐懼、迷惘和最終的接受中轉向神時，我的基督教信仰肯定增強了。

我們不能夠改變自己的疾病，但我們可以改變我們對這疾病的態度。這已經足以轉化我們的生命。我們每天都可以選擇自己的態度。我選擇作生還者。在描述在奧斯維辛的生活時，弗蘭克爾說：「即使在這種環境中，任何人都可以決定自己在精神和靈性上會變成怎樣。」[56]而對癡呆症患者來說，我們的環境表示我們的照顧伙伴在幫助我們作出釋放我們、給我們內在自由、容許我們保持人類尊嚴的選擇時，可以扮演重要的角色。

一句佛教的格言很好地表達了選擇態度的重要性：「從不同角度看世界，世界是廣大和開闊的。在你的關係和處理所有事情中改變觀點，一切都會變得輕鬆和容易。」

對我來說，癡呆症是一份恩賜——有寶貴的時間解釋生命，反思我永恆的靈，以及它與神的關係，在神面前反思。聖經的詩篇二十三篇以這些話給我保證：「我雖然行過死蔭的幽谷，也不怕遭害，因為你與我同在。」

透過在生命中找到意義，即使是在癡呆症中，我們也可以創造一種存在的新感覺，克服我們對損失的恐懼。藉著處理我們的恐懼，我們可以開始感到喜樂。

我們透過感受和承認我們的恐懼、焦慮和混亂的潮漲潮退，正走在得醫治的路上。

藉著拋開癡呆症說我們失去自我這個謊言，我們可以朝創造一個新將來，成為生還者努力。我們朝這個選擇走，是感受的掙扎，要實現醫治。最重要的是，在這個旅程中，我們可以明白，我們是獨特地符合資格和你們——我們的家人和朋友——接觸，你們在這癡呆症的旅程上陪伴著我們走。

我們當中很多人都在向別人付出自己中找到自我肯定。我在一句佛教格言中找到這意思：「要沒有期望和懷著感激地施予，因為施予會得到最大的收成。」身為基督徒，我蒙召幫助別人，好像耶穌愛人那樣愛別人，彷彿我可以透過他們的眼睛看世界，知道他們的所有痛苦和喜樂。與別人接觸，找尋內在醫治，需要很大的決心。決心是關乎回到生命的駕駛座。我們憑藉自己的內在資源，面對對活著地死亡的恐懼。我們懷著勇氣面對這癡呆症的旅程時，可以克服自己那些惰性、筋疲力盡的感覺。

我們需要找到隱藏在自己裏面的珍珠。好像珍珠透過蠔裏面一粒沙帶來的不適而形成，我們的珍珠也透過帶著癡呆症生活而來的挑戰形成。找到裏面的這顆珍珠，是在慢線創造生命的新將來的關鍵。

應付這混亂的現實是一場掙扎。我應付的祕訣是堅強的基督教信仰，朋友和家人的愛，抗癡呆症藥物，和積極的態度。我們的信仰，或者我們的靈性是關鍵。我們正失去我們認知的自我——甚至是可靠和連貫的情感自我。剩下的是我們的靈性。我們需要你們幫助我們與自己的信仰——給我們生命真意義的東西——連繫。我選擇的意義是一種態度，對別人的愛，對創造主的愛，以及在自己的疾病中接受一個意義。不是我們想從生命中得到甚麼，而是我們想給予生命甚麼！這就是我們的目的，而癡呆症是一個旅程，在其中我們可以探索這意義，並與別人連繫。

我的基督教信仰幫助我在苦難中也找到意義。它給我盼望，幫助我避免引致抑鬱的自憐，讓我專注於幫助別人。它幫助我接受自己仍然是十足的自己，仍然與別人及神有關係。

我珍惜生命的每一刻，並明白現在我在地上的時間並不是最重要的。雖然我在這裏時做自己能夠做的事情，但對我來說，我的行動不是最重要的。重要的是我的永恆生命，以及在癡呆症的旅程中，並超越這旅程之外時，仍然留在自己的靈中的東西。我的信仰給我不同的視角。有了那些不同的眼鏡，我可以應付得好得多。

現在即使患了癡呆症，我仍然可以不沮喪，也沒有懷著毫無幫助的自憐生活，而是倚賴神無條件的愛。除了成為自己，甚至是有癡呆症的自己外，我毋須做甚麼來賺得神的愛。我們都得到接納為了不起和完整的人。神珍惜我們每一個人，我們需要好像神看我們那樣看自己，將自己視為非常特別的人，十分有價值。我的情況並沒有改變，但我的感覺卻大有分別。

家人和朋友的愛圍繞著我們，給我們安全感，是混亂的世界中情感溫暖的綠洲。你們是我們在這旅程中的照顧伙伴，我們需要你們明白我們，在我們愈來愈不能夠應付這個病時，滿足我們的需要。照顧伙伴可以是丈夫或妻子，女兒或兒子，日間護理中心的職員，阿爾茨海默氏病協會或任何幫助癡呆症患者的人。你們給我們盼望和鼓勵，幫助我們以積極的方式克服我們的缺乏。

我的家人和朋友的愛——最重要是保羅和女兒的愛——幫助我度過每一天，給我面對將來所需要的安全感和盼望。我有很多缺乏，但保羅補足它們，身為我的照顧伙伴，他調節自己的每個反應，讓我可以以自己能力發揮最好的功用。在活出這與癡呆症的舞蹈中，我的照顧伙伴和我的舞步彼此配合。他的舞步在這生命的舞池中引導我。

藥物或輔助醫藥對清除迷霧是重要的。它們給我説話的能力，讓我對周圍發生的事情保持警覺和關心。沒有這些藥物，我會變得冷淡，不能夠應付日常生活。我會不再能夠説話、思想或做事。我仍然會有信心和盼望，被愛包圍，但卻不能清楚和別人溝通，享受生活，盡可能為自己做事。

我的態度轉化了我生命的模式，我選擇積極地帶著癡呆症生活，利用我內在的精神資源和我的靈性視每一天、每一小時為恩賜。我們都可以選擇怎樣回應新生活。因此，我們的第一步是找出我們可以歡慶甚麼。我們可以選擇在關係中敏感，更向自己的靈性開放，在慢線的生活中找到積極的方面，從而找到喜樂。對我來説，歡慶的第一步是從工作中退休，能夠在日間接女兒放學，而不是在工作了漫長的一天後，在晚間趕回家。

我選擇生還者這個新身分。我想學習與癡呆症共舞。我想每天積極地生活，和我的照顧伙伴有互信這必要的關係。藉著拒絕癡呆症的謊言，專注於我的靈性而不是我的思想，我可以不怕失去自我，這樣做時，也可以幫助你們克服對失去我的恐懼。

我們這些癡呆症患者尋求脫離將癡呆症的壓迫內化時，我向盼望的新領域觀看。帶著「對不再存在的恐懼」而活，需要很大的勇氣。我們對生命、對記憶的珍貴珠串正在斷開，那些珍珠正在失去。但藉著找到新的珍珠，那些在和癡呆症搏鬥中製造的珍珠，我們可以製成生命的新項鍊——對我們將來的盼望。

每個癡呆症患者都是有價值、寶貴和漂亮的新生嬰兒，讓我們所有人珍惜的恩賜。我們腦部受損，對你們過去可能怎樣傷害過我們沒有記憶，對你們將來可能怎樣對待我們也沒有擔心，對我們對你們做過甚麼，或者忽略了你們甚麼，也沒有印象。我們所能夠做的是和你強烈地經歷每一刻的「現在」。珍惜這些時刻，你們便能夠分享真正地接納自我。

我們需要從我們的不同角度，從帶著對癡呆症的不可預測和非理性而活、互相倚靠的掙扎中，一起發出我們的聲音。每個癡呆症患者都是一份恩賜，有很多關於生命的智慧。我們周圍的人需要打開這美麗的包裹。

我們尋求一個新的典範，帶著尊嚴在癡呆症中生還下來，和你們一起走這段由診斷到死亡的旅程。這個生還，揭示內在的靈的旅程，是一個放手，找到內在平安的旅程，正如這句佛教的格言表達那樣：「聰明的人能夠放手。放手實際上是接受無限的快樂。」對我來說，我的旅程帶我與神進入更深和更信任的關係，知道祂按著我的本性，我真正的內在自我來愛我。我能夠「放手交託給神」。

身為癡呆症旅程中的生還者，我們可以和你們分享局內人的知識。我們正面對活著的死亡，嘗試找出方法將自己從這對不再存在的恐懼中釋放出來。我們知道好像你們那樣正常是怎樣的。我們同時認識你們和我們的世界。我們踏進了這個癡呆症的新世界。我們彷彿是雙文化的人，走過將你們和我們的世界分隔的界線。

有你們的諒解和支持，我們可以幫助你們幫助我們。我們可以一起締造歷史。請找方法聆聽我們破碎的聲音，我們分散的思想，和我們對事情是怎樣，以及曾經是怎樣那些零碎的記憶。讓我們一起努力，以平等的伙伴的身分——癡呆症患者、他們的家人和支持他們的人——在這從診斷到死亡的旅程中分享我們的洞見。

後記

親愛的讀者，謝謝你讓我和你分享我的旅程。自從我偶然走進癡呆症的舞池至今，很多事情都改變了。有藥物，有更好的了解，有更好的支持。但仍然沒有治療這個病的方法，要清除對這種病的恥辱和忽略這些障礙，仍然有很多事情需要做。

有很多次，我感到沮喪，不知能否完成這本書。要整理我的思想，需要付出很大的努力。我已經盡了最大的努力。如果你患有癡呆症，我希望我寫的東西中，有一些可以幫助你感到不那麼孤單。如果你是照顧伙伴，我希望你可以更明白我們。

在過去六年，收集我的所有思想、演講、演辭、通信、筆記等等，是很大的掙扎。令我能夠將這些零碎的片斷連成這本書的是靈感而不是記憶。

「年月一直過去，但在很多方面，昨天就好像明天，雖然遙遠，但卻真實；雖然好像歷史那麼陳舊，但卻好像下次日出那樣新鮮。寫下這些話的記憶已不復存在。不過它們的真實令所有掙扎和頭痛都顯得微不足道。」[57]

但現在我感到疲倦，需要將電腦關掉。我感到耗盡、筋疲力盡，不再能夠這樣持久地努力。是時候從光亮的光中退到台下的一角，在那裏節奏比較慢，音樂比較寧靜，但仍然甜美。我現在能夠做的，只是安靜地坐下聆聽，並盼望能夠得到醫治。

比奇梅勒（Beachmere），二○○四年七月

附錄一：你相信奇迹嗎？

那是十月一個寒冷、大風的黃昏。我們在古爾本(Goulburn)嘗試尋找我向一個婦女團體演講的場地時，保羅有點迷失。全基督教會的男士團體邀請我在這晚宴演講。晚餐由他們為他們的女士預備、上菜和組織。

不過我幾乎不能說話。我因為嚴重感冒而失聲，感到鼻塞，也有點顫抖。絕對不是材料成為晚餐後的講員！我和一羣很可愛的女士坐在一起，雖然聲線有限制，又需要經常擤鼻，但我還是嘗試和她們交談。我肯定我當時絕對不吸引人！不久，實在太快，那些穿著白袖衫、黑西褲、結了蝴蝶領結的男士便奉上甜品，人家也享用完——然後負責人便介紹我出場。我走到擴音器前時默默禱告，在我隨時會失聲之際，我需要能夠講完我要講的話。

這從哪裏開始？前一天黃昏，電話響起。我的女兒接電話。她說：「媽，是找你的。」我拿起電話說：「喂。」「喂，我是伊恩。」我心裏轉動時運輪，嘗試猜想這個人是誰。「唔？」我說，有點疑問。他一定估計我腦裏只有一片空白。「伊恩．萊恩。」唔，那時運輪仍然沒有給我帶來任何幸運。它一直在轉，但卻找不到配對的人。

令我更驚恐的是，雖然我明顯不肯定，但他接著說：「你明晚是我們的嘉賓講員。」現在我頭腦裏響起警鐘。我依稀記得幾個月前有人請我做這樣的事，但我沒有見過任何白紙黑字，沒有和任何人談過，我那可靠的記憶庫——記事簿——也沒有記錄。

我說：「你最好和我丈夫談一談」，我感到十分驚慌。首先，我不能說話，我患了重感冒。其次，我需要寫下演辭，保羅則需要駕車接送我，然後在星期六上午趕去乘坐到墨爾本 (Melbourne) 的早機。

但你知道神是怎樣的，對祂來說那些事情根本不重要。畢竟，對祂來說，一切都是可能的。

保羅高興地走上樓，我笑著說：「我想我們明晚要到古爾本吧！」因此我們便在那裏，在那個寒冷和大風的黃昏到了古爾本！我開始說以下的話。

唔，我想告訴你們一點關於醫治的事情——這事真的在今天，而不單在二千年前發生。你們也不需要很大的信心，或者很聖潔或重要，才會得到醫治。

你們也毋須勇敢——你們可能十分恐懼，好像我那樣，在五年前被診斷出患了阿爾茨海默氏病後，心裏十分消沉，不相信神可以醫治我。醫生告訴我，到了二〇〇〇年，我便要進入護養院，然後在幾年後死於這可怕的絕症。

《親愛的，你記得我是誰嗎？》——我第一本書的書名——表達了我對死於癡呆症的恐懼。我會知道自己是誰，家人和朋友是誰嗎？最重要的是，我還會認識神嗎？但我在這裏，仍然好端端地活著，腦部受到一定的損害，如果你們看到我的腦掃描，會為我預訂最接近的護養院。但當你們聽我說話，與我交談時，卻是我們施行奇迹的神在工作。肯定是聖靈填滿我腦中那些空位，給我很多喜樂和平安，同時幫助我應付日常生活。

或許我們當中有些人以為，好人永遠都不會患病，疾病來自你生命中的一些罪。舊約聖經描述一個名叫約伯的人，他失去財富和健康。他的朋友說他一定做了非常錯的事，才有這些事情發生。他的妻子建議他放棄他的神。但約伯繼續相信神的良善，對究竟發生了甚麼事，為甚麼約伯受苦，神知道得比他多得多。他仍然忠誠，但對神卻感到迷惑。我最初被診斷出患了阿爾茨海默氏病時，收到幾封信，有人說我生命中一定有某種罪，或者缺乏饒恕，是需要處理的。這令我感到難過。我自己已經有夠多問題要問神，不需要進一步的不確定！

但我確實相信我們可以得到醫治，從我們的靈、我們的情感和我們身體上的疾病得醫治。我確實相信我得到醫治，雖然我不如以前那麼好。我知道在靈性和情感上，我的生命有很大的成長！有時我們並沒有在任何方面得到醫治，在其他時間，我們則得到醫治。那是奧祕，正如生命是奧祕一樣，疾病和死亡，以及在死亡以外，同樣是奧祕。

新約聖經記載了一些見證，說明耶穌醫治了一些人，被羣眾包圍，他們都想得到醫治。新約記載耶穌吩咐十二個門徒醫治各樣的疾病，並給由祂揀選、差派到周圍村落的七十個人同樣的命令。

祂從死裏復活後，在從他的朋友視線中消失前，最後告訴他們的事情中包括醫治。祂說相信祂的人會按手在病人身上，病人便會復原。耶穌最初的追隨者明顯是這樣，對他們行動的描述也提到羣眾聚集起來，看到很多癱瘓或跛足的人得到醫治。

所以，如果我認為我們可以得醫治，我以為我們會怎樣得到？今天醫治仍然能夠發生嗎？還是已經在大約二千年前停止了？有沒有特別的祈禱方式？我們需要按手在別人身上嗎？我們祈求醫治，需要非常聖潔或公義嗎？

我不是神學家，只能夠根據我自己過去五年得醫治的旅程與你們分享。但我仍然有一些關於醫治的難題，有一天要問神：為甚麼有些人得醫治，有些人卻得不到醫治？為甚麼我們最終都因為某些原因而死去？如果一個失明的人現在走到你面前，要求你祈求她得到醫治，那又怎樣呢？你可以將手放在她頭上，甚至眼睛上，並或許祈求她得醫治。但你真的期望她得醫治，突然間能夠看見，跑到外面告訴朋友和家人，神恢復了她的視力嗎？

我被告知自己患了阿爾茨海默氏病，會在五年內很快退化為嚴重的阿爾茨海默氏病時，感到很害怕！我知道那病侵蝕我的腦部，我漸漸會失去各種能力，包括說話、寫作、步行，最終會陷入昏迷，然後死去。和癌症不同，這種病不能醫治，也沒有人病情減輕。

相信我可以抵抗癡呆症，是考驗我的信心——也考驗教會每個為我祈禱的人的信心。我和對得醫治的信心搏鬥，感到祈求得醫治有點欺騙成分，因為我並不真的預期會得到醫治。所以我沒有祈求自己得醫治，只讓別人為我祈禱。

但神在我生命中做了奇妙的事情，祂現在仍然這樣做。在這一切中，祂給我很多喜樂，很多祝福。我不否認自己患了癡呆症，每個月、每一年我的病情都加重，但我衰退的速度肯定比預期慢得多。我不能肯定我們每個人對「醫治」這個詞有甚麼想法。我在癡呆症的旅程中學懂很多關於醫治的事情。我明白到醫治可以，也確實發生，而那遠遠不單是我們在簡單的世俗見解中盼望，但掙扎著要相信的身體得醫治。

我腦部明顯看到的損害顯示，我現在應該喪失更多能力。但雖然失去了那些部分，我的腦袋仍然運作得不錯。這是否醫治？我相信這只是故事的一部分——而且不是最重要的部分。

醫治不單是身體得醫治，我們可以在另外兩個方面得醫治——靈性和情感。這兩方面肯定更重要，因為我們的靈性得醫治是永恆的解決辦法，不單在這個世界上。而我們的情感得醫治，對我們在這世界與神、家人和朋友的關係都有很大影響。

我們對醫治所有的另一個困難是，我們期望醫治是即時的。但我們的病情往往愈來愈嚴重，那麼，我們的身體、情感和靈性為甚麼不會以細小的步伐漸漸好轉？

對我來說，醫治是身體、心理和靈性的整全。我們都將注意力集中在身體的整全上，心理的整全是情感的醫治，是我們在與別人的關係中需要恢復的。而靈性的整全是靈性永恆得醫治，超過任何其他形式的醫治。

我知道自己在靈性和情感上得到醫治，我不再懷疑在這一切中，神在哪裏。我也不再害怕這個病，不再害怕它怎樣一點一點將我的思想帶走。但對我來說，這靈性和情感的醫治分階段發生。我在第一本書描述過其中一部分。

一直以來，我心裏都不相信自己身體會得到醫治，得到治癒。但在一九九六年底，我開始有幻覺時，我真的受到要求別人為我祈禱的挑戰。到了一九九七年，那些幻覺真的令我害怕。我在第一本書提到我怎樣過了可怕的一晚，第二天走到教會，既疲乏又恐懼，在崇拜後尋求禱告。我從沒有為自己得醫治祈禱，雖然有很多人為我禱告。我認為阿爾茨海默氏病實在太艱難，我看不到神為甚麼會理會我——我不是有偉大使命的德蘭修女 (Mother Teresa)。

我只要求三個人祈求我那些幻覺消失。我給神定下這些限制，因為我對「真正的」醫治有懷疑。我閉上了眼睛，不知道差不多整間教會的人都圍著我為我祈禱。他們當然不知道我定了那些限制，所以他們祈求我會好轉。

我只是在後來，過了很久之後，才知道發生了甚麼事。我只知道那天晚上，幻覺便停消失了。我也開始感到有點好轉，但卻不明白原因。我不知道有人祈求比我預期更多的事情。

在接著的幾個星期，我的頭腦沒有那麼糊塗。我能夠較好地説話，不會將太多字混淆。我開始比以前多做很多事情，甚至能夠到商場和其他繁忙的地方，而不致變得太疲累。我也重新開始駕駛。

在教會的弟兄姊妹圍著我禱告前大約一個月，我將我的書的手稿寄往幾間出版社。我開始感到好轉時，HarperCollins和我聯絡，表示他們想出版那本書。我説我需要加上一章講述得醫治，在接著的大約一個月，我完成了那本書。差不多好像神在等著醫治我，直到祂肯定我會寫下那件事！

我必須承認，雖然很難習慣這個想法，但我可能——只是可能——對抗這個癡呆症。我們為我正如醫生預期那樣漸漸衰退而作計劃。但現在神在工作中放下一支螺絲扳手。所以我們按每天的情況接受那一天。

我們需要嘗試相信我得醫治——真的相信——並明白世界各地都有人向神祈求我得醫治。我們不是真的期望祂因而做一些事嗎？我們禱告時可能真的忠心，但我們對相信祂會回應我們，是否同樣忠心？

我以前和現在在情感和靈性上都得到醫治。

我也可以說我並沒有好像預期那樣快地因為癡呆症而衰退。但我仍然與對能否完全得醫治的懷疑搏鬥，即使我每一刻都活在經歷更整全的醫治中。

和癌症不同，我從未聽過有阿爾茨海默氏病患者好轉或得醫治，因此那真的可以被視為奇迹，神大能的見證！但身體或靈性得醫治，哪一樣是更大的奇迹？最好是說：「我的身體得醫治，讚美神」，還是說：「我知道我所有罪都蒙赦免，我快樂和平安地去見我生命的主。」

對我來說，後一句話更好，因為那是永恆的解決辦法，不是只適用於地上這短暫的生命。我寧願得到永恆的赦免，和耶穌一起；也不要在地上暫時得醫治。

當然，我也喜歡身體完全得到醫治。但如果那不包括得拯救，我便不感興趣。我會信任神，因為祂將我永恆的利益放在心裏。如果祂不醫治我的身體，終有一天祂會將原因告訴我。

但我相信奇迹確實發生，我也想鼓勵你們，永遠不要低估神能夠做甚麼。今天醫治確實發生，我們都可以祈求得醫治。工作的是神，不是我們，所以我們毋須是超級公義或聖潔，甚至毋須有大信心。如果我們認為是對的話，我們可以為別人按手。但沒有公式規限我們的言語或行動。我們所需要的只是祈求神醫治。

你毋須很大的信心才能夠祈求或接受醫治。如果你為之祈求的人似乎沒有任何好轉，也不要放棄。或許如果你再見到他們，你會有足夠的信心問他們覺得怎樣。你可能不會立即看到結果，或者永遠都不會看到結果，但醫生也是這樣，而我們仍然相信醫生可以醫治我們。醫生不能醫治所有疾病，但我們也沒有放棄倚靠他們。所以不要放棄倚靠神。

如果你看不到醫治，不要怪責別人。不是以為是因為你信心太小，或因為你為之禱告的人信心太小。或許事情不如你期望那樣發生。或許在你看不見的地方，靈性和情感的醫治正在進行。

對我來說，我每天都在衰退，但比預期慢得多。這一切都是神的工作，我在悉尼的神經科醫生一直都因為我雖然腦部正在衰退，但仍然能夠有這個水平的功能而感到驚訝。因此，我相信奇迹發生，我也想鼓勵你們，不要低估神。我總是因為祂在我生命中的工作而感到驚訝，即使是在每天與這疾病搏鬥的時候。

神給了我足夠的時間幫助別人改變對癡呆症的看法，讓他們看到癡呆症患者是有價值和有尊嚴的人。好像耶穌一樣，我們需要按他們的本相愛他們，視他們為真正的人，在靈與靈的深層次和他們連繫。

附錄二：常見問題

我演講時，人們總是提出很多關於癡呆症的問題。和他們一樣，在醫生告訴我，我患了阿爾茨海默氏病那災難性的一天，後來又告訴我，我患了額顳癡呆症之前，我對阿爾茨海默氏病或其他癡呆症都一無所知。

我發覺澳洲阿爾茨海默氏病協會的網頁（www.alzheimers.org.au）提供很多很有用的資料。這個網頁從英國、蘇格蘭和美國等地方收集資料，編製成很全面的資訊。癡呆症患者也參與建立這個網頁，我發覺它很容易使用，也沒有圖片或移動的物件令我分心。我利用這個網頁，再加上自己「局內人的角度」，組成以下的資料，幫助回答一些人們最常提出的問題。互聯網上還有很多其他關於癡呆症的網頁。

還有一個對我來説相當特別的網頁：www.dasninternational.org。它是由癡呆症患者為癡呆症患者而建立的。這是國際癡呆症倡議及支持網絡的一部分，我們透過電郵和聊天室，和世界各地的人聯繫起來。我的部分演講也可以在這個網頁找到。

誰會患上癡呆症？

大部分癡呆症患者年紀都比較大，但重要的是，要記得大部分年紀大的人都沒有癡呆症。癡呆症不是衰老的正常部分。

任何人都可能患上癡呆症，但這個病在六十五歲後更常見。八十五歲以上的人，每四個便有一個患上這種病。三十多歲、四十多歲或五十多歲的人也會患癡呆症。我被診斷出患上癡呆症時只有四十六歲。在國際癡呆症倡議及支持網絡中，我認識一位女士，她在二十出頭已經患上癡呆症。

甚麼是癡呆症？

癡呆症是一大羣疾病的統稱。這些疾病包括阿爾茨海默氏病。這種病令人的思想功能逐漸衰退，例如失去記憶、智力、理性、社交技能和正常的情緒反應。

癡呆症有多種，但最常見的是阿爾茨海默氏病。不同類型的癡呆症有相似的影響，但卻並非完全相同，因為每一種癡呆症都傾向影響腦部的不同部位。

甚麼是較年青或早發性癡呆症？

較年青或早發性癡呆症指任何在六十五歲前出現的癡呆症。

甚麼是老年癡呆症？

過去，老年癡呆症被視為和老年有關，而老年前癡呆症則是較年青的人患的疾病，但有類似的病徵。

但現在我們知道，癡呆症可以在任何年齡發生，是好些疾病帶來的結果。這些疾病包括阿爾茨海默氏病。這些疾病全都不是衰老的正常部分。所以對任何癡呆症症狀，即使是發生在老年人身上，都必須有準確的診斷，因為有治療方法減輕症狀，有時也可以阻止進一步損害。例如：如果癡呆症是因為老年人營養不良而引起，這個問題是絕對可以處理的。

甚麼是早期癡呆症？

早期癡呆症指任何在初期階段的癡呆症，患者仍然能夠自行做大部分事情。

癡呆症和阿爾茨海默氏病是否相同？

癡呆症是用來描述一些疾病的詞語。這些疾病令腦部受損，引致記憶失去、語言困難和行為改變等病徵。癡呆症大約有七十種成因或種類。阿爾茨海默氏病只是癡呆症的一種，也是最常見的一種。

癡呆症會遺傳嗎？

視乎是哪一種癡呆症而定。

例如：雖然大約三分　阿爾茨海默氏病患者有近親患有癡呆症，但遺傳的阿爾茨海默氏病仍然相當罕見。阿爾茨海默氏病在年長的人中較常出現，無論家庭背景怎樣。

大約百分之二十到五十患有額顳癡呆症的人的家庭都有這種病的紀錄。

在少數於較年青時發病的阿爾茨海默氏病中，明顯每個孩子都有百分之五十遺傳這種病的可能性。那些有患這種病的風險的人，可以進行基因測試和接受輔導。

甚麼是阿爾茨海默氏病？

阿爾茨海默氏病是最常見的癡呆症，佔所有癡呆症的百分之五十至七十。這是身體上的疾病，病人漸進地衰退，腦部受到影響，令記憶、思考和行為受損。阿爾茨海默（Alois Alzhemier）在一九〇七年首先將一名五十六歲的女士描述為患了這種病。

隨著腦細胞死亡，腦部萎縮。隨著腦細胞的中心形成糾結，腦細胞外積聚空斑，不正常物體便會產生，干擾腦部裏面的信息，並破壞腦細胞之間的連繫。腦部也出現化學變化。這引致腦細胞最終死亡。

最先受到影響的是對近期事情的記憶，但隨著病情發展下去，長期記憶也會失去。這種疾病也影響腦部很多其他功能，最終令個人功能的很多其他方面都受到影響。

阿爾茨海默氏病通常在六十五歲後出現，受影響的人可能有，也可能沒有家族歷史。有一種相當罕見的阿爾茨海默氏病是遺傳的，如果父母任何一方有突變了的基因，每個子女都有百分之五十的可能性最終會患上這種病，而通常是在四十多或五十多歲時發病。

在初期，阿爾茨海默氏病的病徵可以相當隱晦，和其他癡呆症相似。不過，它往往以持續和頻密的記憶困難，特別是對近期的事件，以及難以找到合適的字來描述日常物品開始。

也可以在其他癡呆症找到的病徵包括：模糊和失去日常談話的重點（我整理你說的話的速度比較慢）；對以前喜歡的活動明顯失去興趣（往往稱為冷淡——日常生活已經用了我們很多能量）；需要花更長時間做例行任務（再沒有事情是自動的，一切都需要更多努力和思想）；忘記熟悉的人或地點（我失去了那「標籤」，但仍然知道某人或某地方對我來說是重要的）；不能處理問題和指示（我腦裏沒有足夠空間保留這些資料）；社交技巧退化（我沒有足夠的思想空間記得應該做和說甚麼）和不能預計的情緒（我的控制力減弱，行動更即時）。

這個病根據個別的人和腦部受影響的部分而以不同步伐發展，能力可以每天都有改變，甚至在同一天內也有改變，在有壓力、疲倦或健康欠佳時會變得更差。我當然有好和壞的日子。不過，這種病確實會令人最終要完全倚賴別人，最後會死亡。死亡通常是由於肺炎等其他疾病引致。阿爾茨海默氏病患者可能生存三至二十年，平均生存七至十年。不過，這個估計要視乎患者在甚麼時候得到有關診斷。

科學家不斷獲得更多關於阿爾茨海默氏病患者被破壞的腦細胞有甚麼化學病理的資料，但除了少數患有遺傳性阿爾茨海默氏病的人外，科學家到現在仍然不知道為甚麼有些人患上阿爾茨海默氏病，有些人則沒有這種病。他們正在研究好些懷疑成因，包括環境因素、生物化學干擾和免疫過程。每個人的成因都可能不同，也可能包括一個或多個因素。

甚麼是血管性癡呆症？

血管性癡呆症是第二最常見的癡呆症。它是因為循環到腦部的血液有問題，令腦部多次中風或梗塞，引致思維能力退化。中風指由血管供應的腦部組織，因為供血受阻或干擾而受損。這些中風可能令腦部負責說話或語言的特定地方受損，也可能產生癡呆症的一般病徵。

血管性癡呆症可以顯得和阿爾茨海默氏病相似。混合阿爾茨海默氏病和血管性癡呆症是癡呆症的常見成因，有時難以將兩者分開。我一些「互聯網」的朋友患了這病，和我們當中患了其他癡呆症的人有很相似的困難。

最常見的血管性癡呆症很可能是多梗塞癡呆症，這是由多次輕微中風或短暫的局部缺血(transient ischaemic)引致，令腦部的皮質受損。這些缺損部位和學習、記憶及語言有關。病徵可能包括嚴重抑鬱、情緒波動和癲癇(epilepsy)。

另一種是賓斯萬格氏癡呆症(Binswanger's disease)(或皮質下血管性癡呆症〔sub cortical vascular dementia〕)，這也是頗為常見的一種血管性癡呆症。它和與中風有關的改變相似，影響腦部深處的「白質」(white matter)，由高血壓、血管壁變厚和血液流動不足引致。病徵往往包括：緩慢和呆滯；走路困難；情緒波動；在患病初期不能控制小便；其後會有漸進的癡呆症發展出來。

有幾個因素增加患血管性癡呆症的風險，包括：高血壓、吸煙、糖尿病(diabetes mellitus)、高膽固醇、曾經有輕微警告性中風、有證據顯示在其他地方的血管有病，以及心律不正常。

血管性癡呆症通常依從階段進展，個人的能力在中風後退化，然後穩定下來，直至下一次中風。有時那些階段是那麼微小，以致退化顯得緩慢。不過，平均來說，血管性癡呆症患者退化得比阿爾茨海默氏病患者更快，他們往往死於心臟病或嚴重中風。

甚麼是萊維體癡呆症？

頗多被診斷出患上癡呆症的人，腦部的神經細胞都發現一些稱為萊維體(Lewy bodies)的細小球形結構。這可能是令腦細胞死亡的原因。這個名稱是根據第一個撰寫關於這種結構的醫生的名字而起的。這種病有時也稱為擴散萊維體病。

萊維體癡呆症有時和阿爾茨海默氏病及血管性癡呆症一起出現。萊維體癡呆症的病徵包括：情況起伏不定；在專注和集中精神方面有困難；極度混亂；在判斷距離方面有困難，往往引致跌倒；視覺幻覺；妄想；抑鬱和與帕金遜症相似的震顫及僵硬。

萊維體癡呆症開始時往往是輕微的，而且每天都可能相當不同。我患有這病的朋友，是根據幻覺、妄想和震顫等在疾病早期出現的病徵而被診斷出患了這種病。這種病是漸進的，最終引致需要完全倚賴別人。死亡通常都是因為其他併發症引致，例如肺炎或受感染等。在病徵出現後平均壽命大約是七年。目前不知道萊維體癡呆症的成因，也沒有找出任何高風險的因素。

甚麼是額顳癡呆症？

額顳癡呆症是因為腦部的顳葉和額葉逐漸退化而造成。顳葉受損影響語言和情感，而額葉受損則令行為改變和失去判斷力。這個病通常在四十至六十五歲間出現。我被診斷出患有這個病時是四十六歲(最初以為是阿爾茨海默氏病)。

一個早期的病徵是行為改變，包括衝動、過度活躍和偏執。我不再是「能幹」的人，也發覺很難控制我的衝動，例如從陌生人的外衣中拔毛線，擋著別人的路或大聲說話。有時我有點躁狂、過於專注、激動和過度活躍，有段時期有強迫傾向不斷取郵件。

語言困難往往在患病初期出現。我不能夠找到正確的字形容一件物件，往往需要改為描述那物件。我以前說話很流利，但現在卻很困難——某件物件的圖畫在我腦裏，但形容它的詞語卻不見了。通常會出現啞症（mutism），我很害怕這個情況出現，因為我認為如果我不能夠告訴別人我的感受，我會十分沮喪。不過，在這個階段的患者仍然明顯有一點能力，能夠明白別人對他說的話。

「行政處理」會愈來愈差，例如容易分心（周圍發生的事情很容易令我分心）；不靈活（我往往不能應付和自己不同的見解）；難以適應環境的轉變（我需要例行的事情）。製訂計劃和解決問題的能力減低（我不能工作，倚賴丈夫煮食、駕車、洗衣服和其他類似的複雜活動）。

額顳癡呆症包括額葉癡呆症（frontal lobe dementia）、皮克氏症（Pick's Disease）、皮質基底退化（cortico-basal degeneration）、進行性組句不能（progressive aphasia）和詞義性癡呆症（semantic dementia）。它也可能和運動神經元病（motor neurone disease）及肌萎縮性（脊髓）側索硬化（amyotrophic lateral sclerosis；葛雷克氏症〔Lou Gehrig's Disease〕）有關。

患了這些癡呆症，必定會逐漸退化。開始患病後，壽命可以有二至十五年，平均則是六至十二年。患者通常死於例如感染等其他疾病。

這病是由tau蛋白質（tau protein）不正常引致。

甚麼是與酒精有關的癡呆症？

與酒精有關的癡呆症和大量喝酒精飲品有關，特別和缺乏硫胺（thiamine；維他命B1）有關。目前仍然不清楚酒精對腦細胞有直接的毒害，還是損害是由缺乏硫胺，即維他命B1引致。不同患者可能有不同病徵，但通常都包括：學習新事物的能力受損；性格改變；記憶有困難；執行需要計劃、組織、判斷和社交技巧的任務時有困難；平衡有困難；主動性和自發性減低。

每天喝超過六杯標準份量含酒精飲品的男性，以及每天喝超過四杯這類飲品的女性，有較大風險患上這種病。如果停止喝酒，情況可能會改善。有證據支持，服食硫胺有助預防或改善有關情況。

甚麼是與愛滋病有關的癡呆症？

後天免疫力缺乏症（acquired immune deficiency syndrome；愛滋病〔AIDS〕）患者可能有稱為與愛滋病有關的癡呆症這種併發症。病徵包括：集中精神和記憶有困難，思考和完成任務緩慢，在跟上日常活動方面有困難，焦慮，平衡有困難，協調能力低和字迹改變，及抑鬱。

甚麼是與唐氏綜合症有關的阿爾茨海默氏病？

研究顯示，大部分唐氏綜合症患者到了四十歲時，會有與阿爾茨海默氏病有關的腦部病變。他們第二十一對染色體多了一條，因此製造了很多的澱粉類蛋白

(amyloid precursor protein)，這似乎引致製造過多不正常的澱粉類分解產物，而這似乎引致阿爾茨海默氏病典型的腦部改變較早出現。不過，很多超過四十歲的唐氏綜合症患者都沒有阿爾茨海默氏病的徵狀。目前仍然未明白為甚麼典型的阿爾茨海默氏病的腦部改變卻不一定令唐氏綜合症患者患上這種病。

癡呆症有甚麼初期徵狀？

癡呆症的初期徵狀並不明顯，可以有很大差別，可能不能即時被察覺。它們包括記憶困難、混亂、性格改變、冷淡和退縮、喪失做日常工作的能力。有時人們看不到這些病徵顯示有問題出現，錯誤地假設這是衰老過程的正常部分。家人往往說患者「改變」了或「不同」了，但卻不能指出任何重大的改變，只是累積了很多微小的改變。

- 癡呆症其中一個主要病徵是失去記憶。所有人都不時會忘記一些事情，但癡呆症失去記憶卻是持續和漸進，而不是偶然的。偶然忘記約會或朋友的電話號碼，後來又記起。這是正常的。但癡呆症患者更常忘記事情，完全不記得。以前有事件、地點和名字，現在卻只有一片空白，一個「黑洞」。
- 人們不時會分心，可能忘記將部分食物放到餐桌。癡呆症患者在應付預備一頓飯涉及的所有步驟都可能有困難。做這樣複雜的事情時，我需要十分專注，任何騷擾都會令我忘記某些步驟。
- 偶然忘記某天是星期幾是正常的。但癡呆症患者連去自己熟悉的地方也有困難，或者對自己身處哪裏感到迷惘。我永遠都不能找出那是哪一天或甚麼時間，如果獨自一人，即使是在熟悉的環境也會感到迷惘。

- 所有人有時都不能找到合適的字，但癡呆症患者卻可能忘記簡單的字，或者以不合適的字取代，說出一些難以明白的句子。我說的句子在語法上一團糟，而且會用詞不當。
- 任何人都可能覺得結算支票簿是困難的，但癡呆症患者對數字有甚麼含意，以及需要怎樣做也感到困難。雖然我很努力，但有時數字只是聲音或波形曲線，我已經不能再計算了。
- 癡呆症影響人們的記憶和專注力，而這會影響他們的判斷力。很多活動——例如駕駛——都需要良好的判斷力。如果這能力受到影響，那人便會有危險，而且不單影響自己，也會影響路上其他人。我發覺駕駛是很複雜的技巧，需要專注和快速反應的能力。我已經不再能夠應付了。
- 任何人都可能暫時放錯錢包或鎖匙。癡呆症患者會將物件放在不恰當的地方。另一個任務使我分心時，我便將某些東西放下，然後忘記了自己將那些東西放在哪裏，後來它們卻在最古怪的地方出現！
- 任何人有時都會憂愁或者情緒低落。癡呆症患者可能在沒有任何明顯原因的情況下情緒大幅波動。他們可能變得迷惘、多疑或退縮。我的情緒似乎很混亂和一團糟。
- 隨著年齡增長，人們的性格會稍為改變。但癡呆症患者可能變得多疑或恐懼、冷淡或不與人溝通或解除壓抑、過分友善和更外向。我改變了很多，由控制一切和任務導向，變成倚賴別人，容易衝動和由情緒主導的人。

- 對某些活動感到厭倦是正常的。但癡呆症可能令人對以前喜歡的活動失去興趣。一切都那麼費力，即使日常生活都是困難的工作。

癡呆症怎樣診斷出來？

很多可以治療的情況和癡呆症有相似的徵狀，因此重要的是在早期階段找醫生作出診斷。目前沒有單一測試辨別出阿爾茨海默氏病或其他癡呆症。診斷是在細心的臨牀諮詢和評估後才作出的。那些評估可能包括：

- 如果可能的話，由有病徵的人和一個近親或朋友提供詳細的病歷。這有助確定病徵是緩慢還是突然出現，以及病徵的進展情況。我和女兒一起去，因為她可以證實我漸漸增加的困難。
- 徹底的身體和神經科病學檢查，包括測試感官和活動，以排除其他癡呆症的成因，並找出可能令和癡呆症有關的混淆惡化的疾病。我每年都定期接受檢查。
- 包括多種血液和尿液的化驗，稱為「癡呆症測試」，測試多種可能引致有關病徵的疾病。我接受了一系列這種測試，包括愛滋病。
- 神經科病學測試，以找出保留了甚麼能力，以及特定的困難地方，例如理解、洞見和判斷。這些心理測量測驗對找出腦部哪些部分最受影響是十分重要的。

- 其他特別的檢查，例如肺部X光檢查、心電圖或電腦斷層照相術。這些檢查顯示多年來有漸進的損害。但情況並非總是這樣。有時會有病徵，但腦部卻只有很少損害。
- 精神狀況測試，檢查受癡呆症影響的智力功能，例如記憶、閱讀、書寫和計算能力。由於我以前能力比較高，這個簡單的測試在診斷我時不是很有用。智力測驗比較有價值。
- 精神科評估，以找出能夠醫治、可以偽裝成癡呆症的疾病，例如抑鬱。也藉此處理精神科病徵，例如焦慮或妄想。這些病徵可能伴隨著癡呆症出現。排除抑鬱是十分重要的，因為它會引致「假癡呆症」。

只有透過在死後檢查腦部，才能夠確切地診斷出病人實際上患了哪一種癡呆症。不過，病徵的類別和過程可以幫助醫生找出可能的診斷。上述評估有助排除其他有類似病徵的情況，例如營養不良或抑鬱。

排除了其他成因後，阿爾茨海默氏病的臨牀診斷的準確程度可以高達百分之八十至九十。有時血管性癡呆症是很難和阿爾茨海默氏病區分的，患者也有可能同時患有血管性癡呆症和阿爾茨海默氏病。萊維體癡呆症和阿爾茨海默氏病也十分相似，過去有時很難將兩者區分。額顳癡呆症同樣難以分辨，我最初也被診斷為患上阿爾茨海默氏病，後來才確定是額顳癡呆症。但額顳癡呆症通常都在較年青時出現，而且主要是行為和語言，而不是記憶方面有功能障礙。關於其他癡呆症，某些化驗，包括檢查腦脊液，可能是有用的，例如在辨別和愛滋病有關的癡呆症方面。

我可以怎樣令有關人士見醫生？

有些人可能抗拒見醫生。在某些情況，人們不知道，或者否認自己有任何不妥。這可能是因為癡呆症引致的腦部改變，令他們沒有能力看出或明白個人在記憶方面的問題。其他人則仍然有洞見，但害怕自己擔心的事情會得到確定。

克服這個困難一個相當有效的方法，是找出一個身體方面的理由去看醫生，例如一般的健康檢查，或者檢視長期的醫藥。另一個方法是，提出是時候讓**大家**一起做健康檢查。冷靜和關心的態度可以有助克服十分真實的擔心和恐懼。你可能需要在檢查前和醫生討論你的關注，讓醫生作好準備，能夠溫柔地探討關鍵的問題。

我應該將診斷告訴癡呆症患者嗎？

有好的理由將診斷告訴癡呆症患者。很多人都已經察覺到有些不妥。癡呆症的診斷可以讓人釋然，因為他們現在知道問題的成因。如果患者知道自己的情況，便可以取得資料、支持和接受新的治療。

早日介入可以提高生活質素，知道自己的情況可以讓人計劃將來，坦誠和開放地和家人及朋友討論癡呆症的經驗。

身為癡呆症患者，我認為不將病情告訴我們是屈尊俯就。讓我們知道自己有甚麼不妥，及時選擇治療和管理我們的情況，是我們的人權。但我知道有些照顧者並不同意這種想法，因為他們感到這樣可能會令我們在掙扎著，知道「自己腦裏」有點不妥時，有額外的沮喪和不必要的痛苦。最好的處理方法是做你認為癡呆症患者最希望你做的事情，想一想他們患病前的性格，以及他們是否希望知道，並診斷、治療和支持，讓他們知道自己並不孤單，會否對他們有幫助。

癡呆症能否治癒或治療？

目前，大部分癡呆症都不能治癒，但卻是有治療的。

對血管性癡呆症來說，十分重要的治療是防止再中風。可以用藥物控制高血壓、高膽固醇、心臟病和糖尿病。健康的飲食，做運動，避免吸煙和喝過量的酒也會減低再中風的風險。有時醫生會處方阿士匹靈或其他藥物，藉以防止在細小的血管中有血塊凝固。

對很多我認識的人來說，膽鹼能性藥物（cholinergic drugs）或乙醯膽鹼酯酶抑制劑對輕微至中度癡呆症的核心病徵都有不大但頗為實在的療效。現有的膽鹼酯酶抑制劑包括：多奈哌齊（安理申，我每天都服食）、卡巴拉汀（rivastigmine；憶思能〔Exelon〕）和加蘭他敏（galantamine；利憶靈〔Reminyl〕）。化學品乙醯膽鹼是神經傳遞素（neurotransmitter），對於腦細胞之間傳遞信息是十分重要的，特別是在腦部那些對記憶功能和取得新資料必不可少的部位。解剖研究顯示，阿爾茨海默氏病患者腦部缺乏這種化學物質。膽鹼酯酶抑制劑阻慢它的化學代謝，因此能夠增加本已經減少了的供應。這些藥物都有副作用，包括反胃和腹瀉，影響大約百分之十的人。因此，我無論到哪裏，都帶著氫氯化哌丁胺(loperamide hydrochloride；速治靈〔Imodium〕)。其他人如果有這個情況出現，可以和醫生討論這個問題。

憶必佳是另一類藥物。根據澳洲的阿爾茨海默氏病網頁，這種藥物可以減慢阿爾茨海默氏病中期和末期的退化速度，在輕微的階段也可能有幫助。雖然我患的是額顳癡呆症，但我發覺這種藥對我有幫助，因此它對其他癡呆症可能也有幫助。請向你的專科醫生查詢。它的功用和乙醯膽鹼酯酶抑制劑不同，同時服食這兩種藥物(我就是這樣)，可能比單服食乙醯膽鹼酯酶抑制劑更有效。美金剛以谷氨酸鹽(glutamate)為目標。這是一種神經傳遞素，在阿爾茨海默氏病患者中水平過高。這些過多的谷氨酸鹽黏在中性受體(neuro-receptors)的神經上，容許鈣進入腦細胞，造成損害。美金剛黏在相同的中性受體上，阻礙谷氨酸鹽，防止這種損害。

在服藥後可能改進的範疇包括日常活動的功能(我現在可以自行淋浴)以及功能的整體改變(我的頭腦比較清醒)。少數人有副作用，但通常都只是輕微到中等的。這些副作用可以包括幻覺、混亂、暈眩、頭痛和疲倦。

現在正進行很多研究，嘗試找出甚麼有助阻止阿爾茨海默氏病或血管性癡呆症發生，或者在診斷後有助推遲進一步退化。由於新的研究不斷發表，最好是利互聯網尋找最新的資料。要找的題目包括：維他命E、葉酸（foric acid）、維他命B12和銀杏。無論怎樣，由於副作用和藥物的相互影響，病人在考慮使用任何藥物／產品前，都必須徵求醫生的意見。

甚麼治療對癡呆症的其他病徵有幫助？

癡呆症往往引致好些行為和心理病徵，包括抑鬱、焦慮、失眠、幻覺、煩躁和侵略性行為。這些病徵往往不需要藥物，藉著給予肯定、轉換環境或除去好像痛楚等令人沮喪的刺激便可以解決。

抑鬱是癡呆症極常見的病徵。抑鬱可以用抗抑鬱藥物有效治療，但必須小心，確保將副作用減到最低。我服食摩氯苯胺（moclobemide；嗎氯貝胺〔Aurorix〕）作為情緒穩定劑。

焦慮伴隨著不時的恐慌和不合理的恐懼，可以令人相當沮喪。一種稱為苯二氮卓類（benzodiazepines）的藥物可能有幫助。我發覺去甲羥基安定（oxazepam, Alepam）在我於黃昏焦躁和緊張時有助令我平靜下來。

睡覺時不斷醒來和晚間的精神恍惚可以帶來很多困擾。增加日間藥物的劑量可以有一定幫助，但患者會變得愈加倚賴藥物，脫癮時可能再出現失眠或焦慮。我現在靠服食替馬西泮（temazepam, Temaze）讓自己的腦部在晚間安靜下來。

主要的安定劑（tranquillisers）也稱為精神安定劑（neuroleptics, anti-psychotics），是用來控制煩躁、侵略、妄想和幻覺的。常用的藥物包括甲硫噠秦（thioridazine；硫利達秦〔Melleril〕）和氟哌丁苯（haliperidol；氟哌定醇〔Serenace〕）。這些藥物傾向引致和帕金遜症相似的病徵，在劑量大時可能引致僵硬、拖著腳走路和震顫，在較年老的人身上更為顯著。較新的安定劑，例如奧氮平（olanzapine；再普樂〔Zyprexa〕）和利培酮（risperidone；維思通〔Risperdal〕）副作用較少，減輕病徵的功效很可能同樣好。所以在考慮藥物、副作用及其他風險時，家人、病人和醫生一起討論是十分重要的。

癡呆症患者應該繼續駕駛嗎？

診斷出患有癡呆症，並不表示患者必須立即停止駕駛。重要的是，要記得任何令個人失去駕駛執照的決定，都應該只是為了司機和別人的安全而作出。對癡呆症患者和他們的家人來說，駕駛在實際和情感上都可以是相當困難的問題。

癡呆症在好些方面影響駕駛能力：

- 找尋正確的路，即使是在熟悉的地方
- 記得應該向哪一面轉，以及區分左右
- 回應突發的事情
- 判斷自己與其他車輛和物件的距離
- 判斷其他車輛的速度，並緩慢地駕駛
- 反應的時間，在交通燈號、交匯處或轉線時作決定較慢
- 手眼協調，使用油門和刹車掣
- 閱讀地圖和解釋道路標誌。

有些人會承認自己能力減弱，其他人則可能不會這樣。有些人決定主動放棄駕駛執照，承認較少壓力的好處，

享受沿途的風光。我除了在緊急的時候外，已經不再駕駛。其他人可能非常不願意放棄這方面的獨立性。我們也可以向本地有關當局及／或本地阿爾茨海默氏病協會查詢有關的法律問題。

癡呆症患者可以計劃未來嗎？

如果及早診斷，癡呆症患者應該能夠參與計劃，確保他們的希望會得到執行。這可以令家人和照顧者在將來較容易處理癡呆症患者的事務。只要可能，都應該盡早尋求意見，讓癡呆症患者仍然可以參與討論，在法律上能夠簽署文件。

癡呆症對人有不同影響。一個人可能在早期開始失去處理金錢事務或作能幹商業決定的能力，另一個人則可能長時間維持這些能力。不過，癡呆症患者的能力遲早會退化，他們可能不能就自己的財政、法律和醫藥問題自行作決定。

建立法律安排，例如持久的代理權，是有用的。代理權的其中一個好處是讓患者在完全缺乏選擇能力前預早安排代理人。我在診斷出患了癡呆症後的第一年安排我的大女兒作我的代理人，在與保羅結婚後作出另一個安排。有不同文件處理法律、財政和醫療事宜。

附錄三：向哪裏尋求幫助

要取得任何關於癡呆症的進一步資料，我鼓勵你聯絡本地的阿爾茨海默氏病協會。你可以在電話簿找到他們的電話，也可以在互聯網搜尋國際阿爾茨海默氏病協會的網頁，網址是www.alz.co.uk。

附錄四：港台關注癡呆症協會及其他資源

機構

香港

香港認知障礙症協會

網址：http://www.hkada.org.hk/

地址：九龍橫頭磡村宏業樓地下

電話：23381120

電郵：info@hkada.org.hk

台灣

台灣失智症協會

網址：http://www.tada2002.org.tw/

地址：(104) 台北市中山區中山北路三段29號3樓之2

電話：(02) 25988580

電郵：tada.tada@msa.hinet.net

網頁

銀杏——癡呆症網上資源中心

網址：http://www.ginkgogroup.org/

由一羣醫療人員設立的網站，為癡呆症患者和照顧者提供適當的服務和最新研究資訊，包括診療及院舍服務，經濟及家庭支援，外地網站結連，常見問題等。

香港特別行政區政府衞生署長者健康服務

網址：http://www.info.gov.hk/elderly/chinese/index.htm

網站內有關於認識癡呆症活動資訊，「長者健康速遞」欄內的「長者的健康問題」頁內簡介癡呆症成因、徵狀和支援服務等資料，亦簡述與癡呆症患者溝通技巧，其行為、活動和生活等方面的問題及解決方法。

賽馬會耆智園

網址：http://www.jccpahk.com/

其中腦退化症資訊提供有關癡呆症各項資料，亦包括關於癡呆症評估工具的訓練。

聖雅各福羣會持續照顧服務

網址：http://www.sjscare.org/

簡介該會社區支援及日間照顧服務。

康泰財團法人天主教康泰醫療教育基金會失智關懷服務組

網址：http://www.kungtai.org.tw/hospital/Service_list.asp?Service_ID=3&Big=1

向社會推廣對失智症的認識，為患者家屬提供支持及服務，包括治療和醫療資訊，以及關於台灣政府津貼和法律問題等資料。

書籍及其他資源

《老人痴呆症病人家居改裝指引——醫務人員手冊》。香港：復康專科及資源中心，2005。

《老人癡呆症》。香港：香港基督教服務處，1993。

Bill Grant：《老人痴呆症及其護理》。伍林譯。台北：台灣商務，1996。

Diana Friel McGowin：《和記憶拔河——成功奮戰老年痴呆症》。劉泗翰譯。台北：智庫，1995。

Nancy L. Mace & Peter V. Rabins：《痴呆症病患家屬手冊》。楊培珊譯。台北：遠流，1997。

池邊史生：《過往藍天》。劉心欣譯。台北：允晨文化，1995。

李秀霞編：《「欣躍」老年痴呆症服務進階系列》。共4冊。香港：香港聖公會福利協會，2004。

林桑或：《認識老年失智症》。台北：國家，2001。

邱浩彰、徐榮隆、林文勝：《中西醫會診——老年失智症》。台北：書泉，2001。

邱浩彰：《失智症（癡呆）的認識與頭腦的保健》。台北：正中書局，1995。

邱銘章、湯麗玉：《失智症照護指南》。台北：原水，2006。

阿保順子：《失智老人創造世界》。高詹燦譯。台北：台灣商務，2005。

青山醫院、香港老年精神科學會：《老年痴呆症完全護理手冊》。香港：明窗，2001。

香港中文大學醫學院精神科學系、青山醫院老人精神科、伸手助人協會：《癡呆症患者家居照顧計劃特刊》。香港：中文大學，1998。

香港老年痴呆症協會：《不離不棄——老年痴呆症患者家屬照顧心聲》。香港：香港復康會社區復康網絡，2002。

陳光明：《寸草心——一位神經科教授照顧年邁失智母親的心路歷程》。台北：台灣精神醫學會，2001。

麥克．凱瑟曼、陶樂瑞絲．蓋拉赫－湯普森、馬修．奈松斯：《阿茲海默診療室》。易之新譯。台北：天下遠見，2001。

黃羅錦注、呂幗英：《老年痴呆症——家居護老必讀手冊》。香港：聖雅各福羣會、香港老年痴呆症協會，2002。

黃羅錦注、吳若思：《老年痴呆症服務手冊》。長者護理系列。香港：香港大學老年研究中心，2001。

黃羅錦注、卓蕙芬：《老年痴呆症服務手冊——個人照顧計劃書》。香港：香港大學秀圃老年研究中心，2003。

葉炳強、徐亞瑛、劉珣英：《癡呆症的認識與照顧》。

台北：健康世界雜誌社，1993。

雷斯柏格：《早老性痴呆症》。左仁達譯。台北：徐氏基金會，1991。

劉秀枝：《當父母變老——關心失智症、中風及其他神經疾病》。台北：天下遠見，2001。

劉秀枝編：〈失智症的治療與照護〉。《應用心理研究》第7期（2000年秋）。

賴錦玉、莫靜敏：《懷緬之道》。香港：香港復康會社區復康網絡，2002。

謝俊逢：《老人‧失智症老人的音樂療法》。台北：大陸書店，2005。

衞生署、長者健康服務、中央健康教育組：「護老錦囊——老年癡呆症照顧篇」。錄影光碟。香港：衞生署，c.2004。

註釋

1. C. Boden, *Who Will I Be When I Die?* (East Melbourne, Victoria: HarperCollins, 1998).
2. L. Jackson，私人電郵（2001 年 3 月）。
3. Y. Kawamura，私人電郵（2003 年 10 月）。
4. R. Reagan, "Letter from President Ronald Reagan to American People" (1994), reproduced in *Alzheimer's Disease: The Brain Killer*, ed. C. J. Vas, S. Rajkumar, P. Tanyakitpisal and V. Chandra, World Health Organization, SEA / Ment / 116, 2001.
5. C. Boden, *Who Will I Be When I Die?*, 100.
6. C. Boden, *Who Will I Be When I Die?*, 117.
7. C. Boden, *Who Will I Be When I Die?*, 34.
8. S. Hughes, *Every Day with Jesus*, Crusade for World Revival, May / June 1998.
9. C. Boden, *Who Will I Be When I Die?*, 10.
10. Alzheimer's Australia, "*Consumer Focus Report*" [document on-line], available from Alzheimer's Australia website (www.alzheimers.org.au); 2001.
11. C. Mulliken，私人電郵（2001 年 1 月）。
12. M. L. King, *Letter from the Birmingham Jail* (San Francisco: HarperSanFrancisco, 1994).
13. M. Friedell and C. Boden, *Talk to Australian National Conference* (April 2001), www.dasninternational.org.
14. T. Bowden, "Positive Attitude to Living with Dementia", Australian Broadcasting Corporation (ABC) 7.30 Report (11 June 2001), www.abc.net.au/7.30/S311227.htm.
15. DASNI，給 ADI 的建議，私人通信（2001 年 6 月 23 日）。
16. P. Hardt，私人電郵（2001 年 7 月）。

17. 收錄在S. Ratcliffe, ed., *The Oxford Dictionary of Thematic Quotations* (Oxford: Oxford University Press, 2000), 86。
18. 收錄在 S. Stewart, *Words to the Wise: A Collection of African Proverbs* (Claremont: Spearhead, 2003), 72。
19. B. McNaughton，私人電郵（2001 年 11 月）。
20. W. Fleming and V. Schofield，私人電郵（2001 年 10 月）。
21. V. Schofield，私人電郵（2003 年 3 月）。
22. V. Schofield，私人電郵（2004 年 6 月）。
23. N. Mandela, *State of the Nation Address* (Cape Town, 24 May 2004), www.anc.org.za.
24. L. Smith, *Early onset Alzhemier's Disease*（回應 C. Jonas-Simpson 要求的私人電郵，2001 年 1 月），http://www.swchsc.on.ca/research/eoad.html。
25. M. Lockhart，私人電郵（2000 年 8 月）。
26. D. Bagnall, *The Bulletin* (Sydney: ACP Publishing, 22 June 2004).
27. L. Jackson，私人電郵（2000 年 8 月）。
28. John，私人電郵（2000 年 8 月）。
29. J. Phillips，私人電郵（2000 年 8 月）。
30. M. Friedell，私人電郵（2000 年 8 月）。
31. C. Bryden，私人電郵（2000 年 8 月）。
32. 收錄在 S. Stewart, *Words to the Wise*, 46。
33. S. Sabat, "Some Potential Benefits of Creating Research Partnerships with People with Alzhemier's Disease", *Research Policy and Planning* , vol. 21 (2) (2003), 5~12.
34. C. Bryden, "A Person-centred Approach to Counselling, Psychotherapy and Rehabilitation of People Diagnosed with Dementia in the Early Stages", *Dementia: The International Journal of Social Research and Practice* vol. 1(2) (2002), 141~156.
35. M. Friedell，私人電郵（2001 年 1 月）。
36. M. Friedell, "A Nine-step Rehabilitation Program for Early Alzhemier's Disease", http://members.aol.com/MorrisFF/Eight.html.

37. M. Friedell，私人電郵（2000年8月）。
38. F. Drysdale, "Numero"(2001), http://www.fdc.com.au/numero.
39. M. Goldsmith, *Hearing the Voice of People with Dementia* (London: Jessica Kingsley Publishers, 1996), 58~59.
40. D. Bagnall, *The Bulletin*.
41. J. R. Dudley, *Confronting the Stigma in Their Lives* (Illinois: Thomas Books, 1997), 9.
42. T. Kitwood, "A Dialectical Framework for Dementia", *Handbook of Clinical Psychology of Ageing*, ed. R. T. Woods (New York: John Wiley & Sons, 1996), 267~282.
43. V. Frankl, *Man's Search for Meaning* (New York: Washington Square Press, 1984), 38.
44. E. B. MacKinlay, *The Spiritual Dimension of Ageing* (London: Jessica Kingsley Publishers, 2001).
45. E. B. MacKinlay, ed., *Mental Health and Spirituality in Later Life* (New York: Haworth Pastoral Press, 2002).
46. C. Boden, *Who Will I Be When I Die?*, 49.
47. E. B. MacKinlay ed., *Mental Health and Spirituality in Later Life.*
48. 收錄在 S. Ratcliffe, *The Oxford Dictionary of Thematic Quotations*, 201。
49. 收錄在 S. Ratcliffe, *The Oxford Dictionary of Thematic Quotations*, 342。
50. P. Tillich, *Systematic Theology, vol. 3* (Chicago: University of Chicago Press, 1963).
51. M. Friedell，私人電郵（2000年10月）。
52. S. Garnett，私人電郵（2004年6月）。
53. S. Garnett，私人電郵（2004年7月）。
54. 收錄在 S. Stewart, *Words to the Wise*, 59。
55. V. Frankl, *Man's Search for Meaning*.
56. V. Frankl, *Man's Search for Meaning*, 87.
57. B. McNaughton，私人電郵（2004年6月）。

Caring 系列　實踐信仰的關懷，共度人生的起伏。

與病患者同行——給關顧者的屬靈指引
Spiritual Care: A Guide for Caregivers
朱迪斯·艾倫·謝利（Judith Allen Shelly）著／陳永財 譯／HK$73

告別抑鬱——給患者及親友的幫助
Defeating Depression: Real Help for You and Those Who Love You
霍德華·斯通（Howard W. Stone）著／陳永財 譯／HK$128

妥善處理自殺個案
Suicide: Pastoral Responses
洛倫·湯森（Loren L. Townsend）著／鄧英偉 譯／HK$68

危而不亂——與病人及親屬面對倫理困境
Caring for Those in Crisis: Facing Ethical Dilemmas with Patients and Families
肯尼斯·莫特拉姆（Kenneth P. Mottram）著／黃東英 譯／HK$73

妥善處理抑鬱症
Coping with Depression
陳善養（Siang-Yang Tan）、奧伯格（John Ortberg）著／明朗兒 譯／HK$48

策略性牧養輔導——一個短期有系統的模式
Strategic Pastoral Counseling
貝內爾（David G. Benner）著／陳永財 譯／HK$68

怎能饒恕——策略性牧養輔導
Understanding & Facilitating Forgiveness
羅伯特·哈維（Robert W. Harvey）、貝內爾（David G. Benner）著／陳永財 譯／HK$68

癌症中的盼望——策怎樣幫助癌症患者
Counseling People with Cancer
珍·艾特雷-哈維（Jann Aldredge-Clanton）著／羅燕明 譯／HK$78

讀者意見表

緊扣時代 服事教會

以文字傳揚基督真道

衷心多謝你購買本社書籍。本社一直致力以出版事工服事教會，幫助信徒扎根於神的話語，促進靈命增長。為使我們的出版更能滿足你的需要，請填寫下列各項資料，並寄回或傳真予本社。

所購書籍：________________

本書最吸引你的地方：

□作者 □適切性 □文筆 □設計 □實用性

□其他：________________

購買本書地點：

□基道書樓 □基督教書店 □非基督教書店

性別：□男 □女 職業：________________

信仰：□基督徒 □非基督徒

年齡：□ 16 歲或以下 □ 17～25 歲 □ 26～35 歲
□ 36～55 歲 □ 56 歲或以上

學歷：□中三或以下 □中五 □預科
□大學 □研究院

□我欲更多了解基道出版社的事工及考慮支持，請寄給我下列資料：

□機構簡介 □新書資料 □基道會員通訊

□《基道文字事工通訊》

姓名：________________ 電話：________________

地址：________________

____

傳真：________________ 電子郵件：________________

其他意見：________________

____

多謝賜教！

意見表可以傳真（2687-0281）或直接郵寄以下地址：
香港沙田火炭坳背灣街26號富騰工業中心1011室
基道出版社編輯部收